现代图书馆
文化建设与创新

王博 吴飞 / 著

 中国原子能出版社
China Atomic Energy Press

图书在版编目（ＣＩＰ）数据

现代图书馆文化建设与创新 / 王博, 吴飞著. -- 北京 : 中国原子能出版社, 2020.5（2023.1重印）
ISBN 978-7-5221-0525-3

Ⅰ.①现… Ⅱ.①王… ②吴… Ⅲ.①图书馆文化—研究 Ⅳ.①G250.15

中国版本图书馆CIP数据核字(2020)第068499号

现代图书馆文化建设与创新

出　　版	中国原子能出版社（北京市海淀区阜成路43号 100048）	
责任编辑	蒋焱兰（邮箱：ylj44@126.com QQ：419148731）	
特约编辑	马丽杰　　蒋晓鹤	
责任印制	赵　　明	
印　　刷	河北宝昌佳彩印刷有限公司	
经　　销	全国新华书店	
开　　本	787mm×1092mm 1/16	
印　　张	11.75	
字　　数	200千字	
版　　次	2020年5月第1版	2023年1月第2次印刷
书　　号	ISBN 978-7-5221-0525-3	
定　　价	68.00元	

出版社网址：http://www.aep.com.cn　E-mail：atomep123@126.com
发行电话：010-68452845

P. 前言

21世纪人类面对着一个全新的时代。一方面,社会从现代化向信息化转变,信息化、知识化与文化创造是现代资源和时代的特征;另一方面,产业构成和活动方式以信息化、知识化为契机,给各行各业打上了信息文化的印记。信息化、数字化、科学化、知识化、价值化、意义化普遍流行,信息高速传播被广泛提出和认同。与此同时,"文化力"成为无可抗衡的,带有无尽价值的源泉,于是各种具有特色的文化活动便普遍开展起来。

对于一个民族和国家而言,文化是社会发展的有效动力和国家赖以生存发展的重要根基。文化的力量展开与效力作用,具有潜移默化、润物无声和引人入胜的特点,具有极强的渗透力和超越性。文化的这种特点,使它作为软实力的构成要素,获得了基础地位和动力功能。文化也是人类社会发展的精神支柱,图书馆作为人类文献信息枢纽的同时还肩负着文化传承的使命。

图书馆是人类文明的积淀,作为一种文化机构,它本身就是一种文化。在图书馆发展的历程中,图书馆文化好似一种无形的力量推动着图书馆不断向前。作为一种特定的文化存在,图书馆文化发展有其内在关联:一方面,图书馆文化具有较强的历史传承性,这种传承体现了图书馆文化的发展连续性及其传统精髓;另一方面,图书馆文化是一个动态的革故鼎新的创新过程,这种创新又提升与扩展了图书馆文化的内涵。同时,传承与创新相互依存,共同推动图书馆文化的发展。

进入新时代,图书馆也发生着翻天覆地的变化,信息化高度发展的今天,图书馆是一个地区的物质文明和精神文明的象征。它的发展体现了一个地区经济发展的水平,也体现了一个地区人文素养的高度。一个现代化图书馆的落成与使用,给一个城市带来了浓重的文化色彩与文化氛围,它是当今信息化社会中不可或缺的部分。为此,现代图书馆建设要实现体系化、管理现代化、科技智能化。图书馆文化建设作为现代图书馆管理的新课题,对于图书馆整体发展和建设具有深远的历史意义和现实意义。

在信息化发展稳步推进的新时期,图书馆应该承担更多的文化职能,这需要在提升馆员自身素质的基础上,结合"走出去"的营销模式进行文化宣传工作,结合计算机、互联网等新技术对服务内容和宣传手段进行更新,努力实现以点带面,带动周边文化建设,才能将文化传承与图书馆建设发展有机结合,使图书馆在文化建设上发挥切实的推动作用。

总之,现代图书馆的文化建设是一个不断探索、不断创新的过程。图书馆文化品位的提高,更需要馆员和读者的共同努力,有意识地进行各种文化建设,以先进文化为主导,凸显人文气息,从而树立现代图书馆独特的文化品位。

目　录

第一章　现代图书馆概述

第一节　现代图书馆的基本系统构成

现代图书馆是通过对有价值的图像、文本、语音、影像、影视、软件和科学数据库等多媒体信息收集，组织规范性的加工和压缩处理，进行高质量保存和管理，实施知识增值，并在广域网上实现跨数据库无缝连接和智能检索的电子存取服务的知识中心，是基于网络环境下共建共享的可扩展的多媒体资源库群。

在现代图书馆建设中选择恰当的软、硬件资源是至关重要的。数字化文献信息资源是数字图书馆的内容所在，如果只有高质量的软、硬件资源而没有丰富的数字化文献信息资源，那么数字图书馆就成了无源之水、无本之木。数字图书馆的基本系统是数字化文献信息资源得以产生和使用的基础设施。

一、资源加工制作系统

传统的图书馆是纸质文献的提供者，而数字图书馆应该是数字资源的提供者。数字资源是以数字形式创建、存储传递的信息资源，它包括数字化后的馆藏资源，经筛选加工的网上海量信息，电子图书、电子期刊、电子报纸、联机馆藏目录（OPAC）等，这些信息资源都是资源数字化的产物，它们的产生必须依靠加工创作系统[1]。

---

①王文,靳东旺,马玲,等. 现代图书馆建设[M]. 沈阳:沈阳出版社,2012.

（一）资源数字化的方式

要进行图书馆数字化建设，就必须对传统资源进行数字化。资源数字化就是将传统纸质书刊、图片、缩微胶卷等文献，通过各种技术手段加工制作成计算机可阅读使用的数字化产品的过程。如何将传统的文献信息加工成为有利于保存、便于检索的信息资源，是图书馆数字化建设必须解决的一个重大问题。经过多年的探索，现已存在的资源数字化方式主要有以下几种。

1.图像扫描方式

对于处理大量的馆藏文献来说，采用图像扫描方式是数字图书馆进行资源数字化的主要方式。图像扫描方式的工作原理是通过扫描仪或数码相机等光学输入设备获取纸张上的文字图片信息，并采用光学方式将所获信息转换成黑白点阵形式的图像文件，文件的存贮格式有 TIFF、JPEG、CIF、PDG 等多种。通过扫描可以再现印刷页的外貌，但是它把文字简单地看成图像，这种方式虽然可以保留原始版面，但却缺乏数字化信息最重要的检索功能，空间占用大，显示效果较差，而且不能从版面上摘录文字，要克服它的缺点，必须借助光学字符识别技术。

光学字符识别是一种将扫描图像中的符号转换为等价字符的技术，它利用各种模式识别算法分析扫描图像文件中的文字形态特征，判断出文字的标准编码，通过识别软件将图像中的文字转换成文本格式，并按通用格式存储在文本文件或者数据库当中，还可以利用文字处理或者编辑软件做进一步加工。尽管经过了几十年的研究，光学字符识别始终还是一个不完全精确的过程，出错率随原始图像的可辨认程度而不同。如果原始图像清楚，出错率要小于1%；对于质量很差的图像，出错率会变得很高，这种出错率给每页造成许多的错误字符。因此，采用这种技术虽然能提供全文检索，但是制作成本高、正确率较低，需要花费大量的时间和精力进行校对，而且不能保持书刊版式原貌。

2.手工录入

传统图书馆的馆藏资源十分丰富,为更好地保存和利用珍本、善本、孤本等珍贵的文献,更好地建设特色馆藏,对于一些不能采用扫描方式录入的文献,采用手工键盘录入(包括MARC著录)。人工录入只能形成文本信息,能够对资料进行全文检索,但是不能保留原印刷版的全部完整信息,如公式、图表、版式等。另外,手工录入方式速度慢,准确率低,成本高,根本形不成规模化生产能力。因此,这种方式只适用零散信息的加工及特色馆藏信息的收集。

3.书生全息数字化技术

书生全息数字化技术是北京书生科技有限公司推出的一项新技术,是目前国内唯一的集信息完美再现、便捷的检索和较低的制作成本于一体的全息制作技术,技术水平达到国际先进水平。书生全息数字化方式集图像扫描方式和人工录入式的优点于一体,完全摒弃了它们的缺点。

采用该技术制作的全息电子出版物能完整保留原出版物的全部信息,包括全部文字信息和全部版面信息,同时支持全文检索等多种检索方式,制作过程所需人工工作量也不多。它的第一代技术应用于《中国学术期刊(光盘版)》,只能处理电子文件的原版显示与全文检索,它的第二代技术应用于书生之家数字图书馆,可以处理印刷版资料的原版显示与全文检索,利用印刷版可以逆向生成排版文件。

(二)常见文件格式及图像格式

1.文件格式

文件格式包括:①PS(Post Script)是一种生成图像打印输出的程序设计语言,用作页面描述语言。②PDF(可移植文档格式)是Adobe公司开发的一种页面描述语言,可存储和表现页面图像。它可以将文字、类型、颜色、图形图像、超文本链接、声音和动态图像等信息封装在一个文件中。PDF从页面描述语言PS发展而来,具有与PS几乎相同的页面描述能力和相似的描述方法。③TXT(文体格式)是通用的文本文件格式,文件体积小,阅读不受限制,几乎所有的文字处理软件都能识别,但是不能插入图片、图表等,不能建立超链接。④HTML(超文本链接标记语言)是一种简单的文本标记语言,带有指向其他对象的链接,用于万维网。

2.图像格式

图像格式包括:①BMP格式是英文Bitmap(位图)的简写,它是Windows操作系统中的标准图像文件格式,能够被多种Windows应用程序所支持。这种格式的特点是包含的图像信息较丰富,几乎不进行压缩、占用较大的磁盘空间。②TIFF图像格式复杂、存储信息多、图像的质量高、有利于原稿的复制、可压缩。③GIF(可交换的图像文件格式)格式只是简单地用来存储单幅静止图像,后来发展到可以同时存储若干幅静止图像,进而形成连续的动画。④PSD图像处理软件Photoshop的专用格式。⑤MPEG是压缩和存储数字视频和声音的一套格式。⑥JPEG是由国际标准化组织ISO和国际电话电报咨询委员会为静态图像压缩制成的第一个国际数字图像压缩标准。

(三)主要的资源加工制作系统

资源加工制作系统要实现对文本、图像、音频和视频等信息及知识的数字化采集、加工、处理,实现对上述资源进行一次加工,多次使用,以适应应用系统今后的扩展需要。数字资源加工制作系统主要用于数字图书馆资源库的建设,无论以哪种方式进行资源数字化,都需要有资源加工制作系统的支持。目前国内开发的数字化资源加工制作系统有很多,广泛应用的有清华同方数字图书馆平台(TPI)、超星数字图书馆系统和书生全息数字化制作系统等。

1.超星数字图书馆资源制作系统

超星数字图书馆资源制作系统具有如下功能:①采用PDG文档扫

描存储系统,可在图书馆内进行大规模数字化资源的制作,制作成本是图书馆所能承受的;②采用数据压缩技术扫描文件大小为 15~25 KB,达到节省存储空间和网上快速传输的目的,使用普通调制解调器在网上显示一页图书需 2~3 秒;③扫描制作速度较快,平板扫描仪为 4 页/分钟,连续快速扫描仪为 20 页/分钟,甚至更多;④可自动对扫描页进行编排页码;⑤可加入制作单位的水印图标;⑥可对扫描页面做去污处理;⑦扫描页能转移为 IEF、BMP 格式或进行 OCR 处理。

2. 清华同方数字图书馆平台的电子书制作工具

制作工具提供了纸质文献数字化加工的环境,下面详细介绍电子书制作工具所具有的功能。

（1）支持多种扫描方式

制作工具支持兼容 TWAIN 协议的高速扫描仪和普通扫描仪;支持自动式扫描、支持单面/双面自动扫描;还可以支持平板式自动扫描。

（2）高效快捷的书页扫描、自动命名

扫描后的书页完全是自动命名的,这样就大大加快了扫描的速度。

（3）专业的书页图像处理功能

电子书制作工具提供的图像处理功能包括手动倾斜校正、剪裁、去噪、翻转、灰度及彩色图像页亮度及对比度的调整、整本书去除装订孔、整本书裁边、压缩与解压,等等。为加快电子书的制作过程,该系统还包括许多智能图像处理功能,包括自动倾斜校正、自动噪声去除、自动二值化、灰度图像页自动搜索与自动版心居中、增加水印等智能的图像处理功能。

（4）支持书页图像的批处理

对于具有共性的图像处理操作,制作工具提供了批处理功能。批处理的范围可以是一本书也可以是多本书。这就大大提高了图像处理的速度,形成了工业化流水线加工方式,提高了加工电子书的生产率。制作工具提供的多批处理功能有反相、翻转、自动倾斜校正、去噪、版心居中、图像边缘抹白、剪切装订孔、裁边、增加图章、智能二值化等操作都提供了自动批处理的功能。

（5）自动生成目录树

制作工具支持目录树,并自动生成目录树。同时还提供了快捷的手动制作目录树功能。

（6）自动背景二值化、灰度图叠加显示

当书页图像既包含灰度图像信息,又包含文字信息时,如果全部扫描成二值图,那么灰度图部分就看不清楚;如果全部扫描成灰度图,生成电子书的文件又太大。制作工具为了解决这个问题,采用了最优的处理方式:灰度图与二值图叠加显示方式。它的加工过程是:首先把整本书按灰度扫描,随后人工定义灰度区域,最后制作工具对背景自动二值化,把前景灰度图叠加显示,生成优化图像版的电子书。

（7）灰度图区域自动识别

制作工具还提供灰度图区域的自动识别功能,而无须手工进行灰度图区域的标识。

（8）具有较高的压缩率

由于制作工具采用了背景二值化和前景灰度图叠加显示的方式,因此所生成的电子书在保证阅读清晰度的同时,生成的文件大小又最小。

（9）支持PDF格式电子书的导出

制作工具还可以导出PDF格式的电子书。

（10）通用文档转换工具

对于文件格式的统一,TPI系统提供了通用文档转换工具CAJ Writer,利用这一工具,可以将Word、PDF、HTML、WPS、PDG、PS、PSD、TXT、PRT等几乎所有的文件格式直接转换成CAJ文件格式的电子书。如果要进一步加工原有的电子文档,可以将这些文档转换为TIF格式的文件,再进行目录树的加工等处理。CAJ Writer还支持色彩、字体等的无损转换,可将数学公式表格、彩色图片等无损转换。

3.书生全息数字化制作系统

书生全息数字化制作系统包括智能数字化系统、智能编改系统、智能标引系统、智能合成系统等子系统。具体是:①智能数字化系统是将印刷版资料扫描成图像文件,然后图像文件识别文本文件,同时记录下版面版式信息;②智能编改系统是将智能数字化系统识别后的文本文件以交互的方式进行编辑校对,编改的质量标准错误率在0.3‰以下;③智能标引系统将编改后的数据进行标引,把有关的检索点做上标记;④智能合成系统是把标引后的数据和版面信息合成起来,还原成与印刷版一样的全息版面。

(四)网上信息采集系统

数字图书馆需要通过以网络为主的信息基础设施来实现信息资源的数字化。目前,数字图书馆通过由因特网的高速、大容量的计算机网络系统将世界各国的图书馆和无数台计算机联为一体。大量的数字化资源是数字图书馆的"物质"基础。

目前清华同方开发出了一套实时信息采集系统,是一种对Internet进行信息钻探、切片、挖掘抽取、监视的专业系统。通过实时信息采集系统,用户可以实现对整个Internet的定制,包括内容频道、特定资源监控、专业资源采集等。系统透过智能网页分析机器人,自动及时对相关网站或网页进行实时分析,并将结果输入FTS服务器中,用户利用Internet浏览器访问采集到的信息。

实时信息采集系统可以用于个人离线浏览网站,专业人士实时搜集专业领域动态和学习专业新知识,企业搜集本行业网站的情报,咨询公司的信息采集系统,商业竞争中的监控系统,新闻网站的新闻获取,等等。

清华同方数字图书馆平台TPI(4.0)中数字资源采集系统,可以从杂乱无章的网上信息中筛选出对本单位有用的资源,把分布在各处的虚拟资源收藏为本地资源,把不同格式的资源转达换成规范格式的资源;数字资源加工系统可把各印刷型文献和文档资源加工成数字资源,并对数字资源进行标引分类与组织。

二、信息存储管理系统

(一)概述

数字图书馆的数字资源由元数据和内容数据构成。资源管理与存储系统要实现所有数字资源的存储管理,包括根据国内外相关标准和规范定义的元数据和内容数据的存储格式、存储协议,维护元数据和数字内容的完整性和一致性,以及在分布式网络环境下提供大规模数字资源快速有效的存取支持等。数字图书馆的含义很广,它不是简单的互联网上的图书馆主页,而是一整套面向对象的、分布式的、平台无关的数字化资源的集合。广义而言,数字图书馆包括所有数字形式的图书馆资源:经过数字化转换的资料或本来就是以电子形式出版的资料;新出版的或经过回溯性加工的资料;各类资源类型,包括期刊、参考工具书、专著、视频、声频资料等。

由于信息资源种类繁杂海量,需要对信息进行有效的存储管理。正在进行建设的数字图书馆大多采用客户机/服务器的模式,客户、图书馆服务器和信息对象服务器构成信息传递的核心结构。图书馆服务器主要管理数据的目录、索引和查询,而对象服务器用于管理数字化的对象(即各种载体的原文献),当对象数据直接发送到客户的时候,就实现了图书馆对象数据的传送。

基于以上的要求,数字图书馆的数据存储方式应采用网络化存取。因为电子数据的存储容量由几百个 GB,到几个 TB 再到 PB,其存储的数据增长很快,对存储的媒体的安全要求很高、响应的带宽很大,多数正在建设的数字图书馆采用磁盘阵列、磁带系统以及第三方存储软件来实现对信息的存储管理。由于对第三方软件选择上各馆考虑、侧重的因素不同,选择也就有所不同,因此带来诸如"信息孤岛"、数据维护困难等问题。

(二)存储设备

信息存储管理方式决定了信息的应用方式,存储方式决定了整个系统的扩展性和灵活性。选择高容量、高速度、高质量的信息存储管理系统在数字图书馆建设中非常重要。目前网络数据存储备份的设备有磁带、磁带库、磁盘阵列光盘、光盘塔、光盘库。广东省中山数字图书馆的存储设备就是以磁盘阵列为主,系统和网页以及文本数据的备份用磁带系统承担,扫描图书则用 CD－ROM 来备份。元数据库与存放数字资源对象的对象数据库分开存储,以便提供分布式的检索和发布。

三、资源调度系统

数字图书馆在信息高速公路上是读者、专家、馆员的交互枢纽和信息搜寻捕捉的导航站点,当然需要调度系统来发挥作用。调度系统的目标是通过一个标识来确定数字图书馆中所有数字资源的规则,建立一个管理所有数字资源的系统,在资源环境发生变化时,在数字图书馆环境中,只要把唯一标识所指向的对应值做相应的修改,就可以保证服务的正常运行。

实现调度系统首先要建立一个完善的调度码体系,为此要有一个资源统一的命名规则。

数字图书馆是由各种成分组成的,它们包括人员(用户与图书馆馆员)、电脑、网络、对象库(原有各种数据库)检索查询系统、Web 服务器、数字对象、对象的元数据和书目记录等。为了要识别这些成分,需要一种标识方法,这种标识方法是一种数字对象的标识符即称为调度码,用调度码去识别数字对象和对象库。

调度码是需要长期使用的名称,需要一个权威机构制定命名规则和命名。在数字图书馆中,用它识别的资源可改变其形式,可将资源存于许多位置上或可移动其位置,或随时间而发生变化。由此,必须有一个系统来监控它,这个系统称为调度系统。该系统是一个存贮调度码和相关数据的分布式计算机系统。因此,数字图书馆的资源调度系统是数字图书馆信息资源调度(发布)中心,是数字图书馆资源存储与资源利用的调节枢纽。

实现调度系统还要建立一个调度机制。资源调度系统在运行中会涉及多种技术,如网络协议、媒体特性、易用性、信息导航、语言转换等,这些技术能够有效保证网络具有兼容性、良好的互操作性、开放式的可扩充性及快速反应能力。

调度系统还必须为资源加工和用户服务提供调度服务功能。数字图书馆检索系统都是客户机向服务器发送检索请求,要求检索特定的条目,服务器发送结果必须按一定的协议才到达用户,这些协议如HTTP、FTP等,通过协议及人机交互界面就可以解决系统的易用性问题。但要做到对信息资源的无缝查找还涉及网页制作、总体结构设计、库结构安排、查询机制和算法等多方面多学科内容。

简而言之,资源调度系统就是按照一定的协议与相关的国际标准和工业标准对数字图书馆的元数据进行有效标识的系统。中国试验型数字式图书馆项目正在开发一套与国际接轨的数字式图书馆实现技术,包括建立分布式不同源数字式对象的调度系统,通过调度系统设计并实现方便的网络用户界面与实用的系统管理体系界面。

四、信息检索服务系统

(一)信息检索系统概述

数字图书馆是海量信息的提供者,是一个面向对象的分布式系统,随着信息和内容的不断增加,需要高性能、高可靠性的,可以把分布在不同地理位置的多个数据库服务器联接成为一个集群的检索系统,来为用户提供准确可靠的信息。

全文检索系统与书目数据检索系统相比有了较大发展,书目数据检索系统只是对文献的作者、题名、分类号等项进行检索,而全文检索系统是包含了书目数据检索并增加了检索入口点,再加上全文文本字段。全文检索系统只是对数据库中各条记录进行处理,主要是对数据库的记录进行逻辑处理,在用户输入检索条件后进行查询,并输出结果。由于存储全文文本的数据量相当大,而且其文本中格式不规范,还可能含有图像、声音等多媒体信息等,用户有时很难获得满意的结果。

随着大容量的存储介质技术与馆藏信息数字化的发展,促使世界各地图书馆都在寻求一种满足所有用户需要的跨国联机信息资源检索系统。20世纪80年代中期,欧美发达国家出现了几个国家联合建立的大型联机检索系统——STN,它是美国化学文摘社、日本科学技术情报中心、德国卡尔斯鲁厄能源、物理、数学专业信息中心共同建立的国际科学技术信息网络系统。STN拥有300多个数据库,内容涉及农业、生物学、化学、物理学、电子工程、计算机科学、工程技术、环境、地质学、材料科学、药学专利和政府法规,对于因特网上的海量信息,经过加工、分类、标引、整合后,用户通过一个适当的检索系统可获得适当的信息。为适应多媒体内容的检索需要,数字图书馆的检索服务系统应是一个支持不同源的分布式检索(服务)系统。当然,这个系统应是基于内容的检索系统,它支持全文检索和基于内容的图像检索。

(二)检索系统的功能

对一个数字图书馆来说,信息量大,电子图书数量多,各种信息散布在不同存储媒体上。如果没有一个优秀的检索系统,用户在浏览的时候需要一步步地逐级进入,才能找到自己所需要的信息。而且,电子图书的更新并不是全部内容同时更新,如果没有一个优秀的检索系统,用户也不易知道最近更新的内容,难以获取最新信息。同时,电子图书的信息分布在各个存储媒体之下,信息之间只有纵向的关联,而缺乏横向联系,如果没有一个优秀的检索系统,则无法给用户提供更多的相关信息。一个优秀的检索系统应该具有如下功能。

1. 使用方便、信息易得

数字化图书检索系统应充分考虑用户使用习惯,让用户以最方便的方式快捷地得到所需信息而不用再逐级查检,以节省检索时间。

2. 使信息有序化

数字化图书馆检索系统使用户以横向方式将散布在馆内各处的信息有机联系在一起,可以获得关于一个主题的最充分的信息,让用户一步就可以得到所需的全部资料。这样也同时增加了数字图书馆内信息间的组织性和逻辑性。

3. 给馆内信息增值

数字图书馆内检索系统使馆内的各种信息得到有效的组织和关联,用户使用的方便性大幅上升,这些都让馆内信息得到迅速增值。

4. 用户体验大幅改善

丰富的馆内信息加上高效方便的数字图书馆检索系统,将增强原有用户的依赖度和忠诚度,同时也会吸引越来越多的用户,这都一定会为数字化图书馆带来巨大的经济效益。

(三)检索系统构成

数字化检索系统由系统架构和检索核心构成,具有极高的系统稳定性和检索效率,在大用户量并发的情况下仍保持优异的性能表现。检索系统构成主要包括以下几个方面。

1. 检索系统的逻辑构成

检索系统的逻辑构成主要指它所包括的子系统及其相互关系。数字图书馆检索系统主要由采集子系统、检索子系统和管理子系统构成。

(1)采集子系统

采集子系统给用户提供一个制作电子图书的平台,并且可以将所制成的电子图书存入数据库中。基于网络的信息采集核心,能够实时采集网内发布的各种信息,包括数字信息的输入和输出。被采集的对象可分为文本信息、图像信息、音频信息、视频信息等。在采集过程中要根据对象的不同采用不同的方法,例如采集馆藏的图书信息,就要把"图书"这个信息对象类化为"书名""作者""出版日期""出版社""主要内容"等,再把图书信息按类化的内容进行采集,最终形成一个信息对象数据库;而要对一本新书的内容进行数字化采集就可以将书中不同的内容按不同的采集方法进行输入,最终形成数字文件。这样的数字文件好比一个"节点",而信息对象的数据库是指向这些"节点"的"链",通过这些"链"将"节点"组织起来。

（2）检索子系统

检索子系统负责处理用户的检索提问,并将它们与数据库中存储的数据进行比较运算,然后把运算结果显示给用户。采用先进的检索理念,保证即时采集即时检索,一旦有新书入馆,用户即可检索到。同时,性能优秀的检索子系统在大访问量并发的条件下,能保持秒级的响应速度。

传统的检索系统都是只能对字符进行检索,而最新的多媒体检索系统可以对多种多媒体信息进行多种方式的检索。这种多媒体检索系统是建立在多媒体数据库的基础上的,提供对图形、图像、音频、视频动画的检索。例如对音频的检索,可以对麦克风输入的用户的音频信息进行识别,这个识别过程就是将用户的音频和多媒体数据库的音频进行检索比较,确定当前的音频信息和数据库中存储的哪条记录中音频字段的数据项相同,从而进一步得出音频字段所在记录的其他字段数据项的信息。

（3）管理子系统

管理子系统负责整个系统的管理。采用 B/S 架构的管理子系统,完全基于浏览器,不需要安装任何插件。确保用户可以在任何地点随时对整个系统进行全方位监控和管理。这种管理系统也是当前最流行的一种管理方式——基于客户端和服务器的管理方式。馆内的一切信息以文件、数据库、多媒体数据库的方式进行存储,由 Web 服务器提供客户端到文件、数据库、多媒体数据库的相关链接、检索和浏览。采集系统和检索系统也是通过这种客户端和服务器的管理方式实现的,例如,你想找出馆内最新的图书信息,你就可以通过和图书馆相关服务器链接的任意一台客户端对服务器的内容进行检索查询,通过检索系统找出相关内容,显示在你所在的客户机上。

2.检索系统的物理构成

检索系统的物理构成一般包括硬件、软件和数据库三个组成部分。

第一,硬件部分。硬件是系统采用的各种设备的总称,主要包括服务器、数据存储设备和数据录入、输出设备。服务器要适应信息检索的需要,能处理大量的文献或数据,具有较强的逻辑运算能力和较快的响应速度,内存至少需要 1 GB 以上,还必须具有多道程序处理和分时处理等功能。数据存储设备应具有较大的存储容量,一般采用磁盘陈列,存储容量一般都在 TB 级。数据录入和输出设备包括键盘、鼠标器、语音或图像输入装置、显示终端打印机等设备。

第二,软件部分。软件是检索系统中有关的程序和各种文件资料的总称,主要包括操作系统和应用软件。由于不同的检索系统的设计思想和总体结构存在差异,所以,操作系统和应用软件的具体构成也会不同。

第三,数据库。在 ISO/DIS 5127 号标准(文献与情报工作术语)中,数据库被定义为:"至少由一种文档组成,并能满足某一特定目的或某一特定数据处理系统需要的一种数据集合。"对于数字图书馆而言,数据库就是存储设备上的所有数字资源。

五、网络运营支撑系统

(一)网络运营支撑系统概述

网络系统的组成包括硬件系统和软件系统。网络硬件有计算机

（服务器和客户机）、中继器、集线器、网桥、路由器、网关等；而软件系统包括网络操作系统、编程语言和数据管理系统、网络通信软件和用户程序。

数字图书馆采用客户机/服务器网络模式，它是由一台或多台单独的、高性能和大容量的大、中、小型计算机作为中心服务器，另外与多台客户机相连。

服务器有文件服务器和通信服务器等，现在也有软服务器的说法，像 WWW 服务和电子邮件服务器等。这些软服务器都是基于硬服务器之上的。数字图书馆是一个分布式的开放系统，各个结点需要一台或多台高档计算机作为服务器。服务器是网络中的核心设备，它有大容量的内存和硬盘以及高速 CPU，可以装载网络操作系统以及各种软件和文件。图书馆系统采用客户/服务器（Client/Server）体系，这种体系将系统功能分割成前端客户机和后端数据库服务两部分，使网上仅传输前端请求和后端响应的数据，大大减少网上信息的流量，提高网络的性能。Client/Server 体系结构既可以把操作和信息分开，又可以应用于同种或异种网络操作系统平台，为图书馆网络化系统提供了开放和可伸缩的环境，有利于系统的集成和扩展，同时又有利于系统的安全性和可靠性。

（二）网络运管支撑系统

网络是通过通信介质将多个独立的计算机连接起来的系统，每个被连接起来的计算机都有各自独立的操作系统，将这些操作系统有机地联系起来就构成网络操作系统。当今网络市场，主要是微软公司的 Windows NT、Unix 以及 Linux 等，这几大网络操作系统各具特色，被广泛地应用于各种网络环境中。

在实际应用中应根据各单位情况以及网络使用者应用网络水平来选择合适的网络操作系统。网络操作系统是建立在这些联机的操作系统基础之上的，它依靠各自独立的计算机操作系统对其所属资源进行管理,协调和管理网络用户进程或程序与联机操作系统实行的交互作用。各种不同类型的网络操作系统具有共同的功能和特点:①协调用户,对系统资源进行合理分配和调度;②提供网络通信服务;③控制用户访问,可对用户进行访问权限限制的设置,保证系统的安全性和提供可靠的保密方式;④管理文件,在网络系统中,各种文件可达上万个,通常是把它分散存放在系统中的一个专用设备里,快速、准确、安全可靠地对文件进行管理是一件非常重要的任务;⑤系统管理体制;⑥多用户、多任务的操作系统。

(三)数字图书馆基本系统的逻辑关系

经过各种工具加工制作、各种方式获得的各种数据资源形成了数字图书馆资源库(元数据库和对象数据库)。元数据库是指经过著录、标引的检索信息(文献名、作者、出版者、文献类型和语种等)加上文献地址(网址/存储路径)。图书馆建立的书目数据库就是元数据库的一种格式。元数据是描述和管理对象数据的数据,它集中在数字图书馆中心的超大规模的服务器上,而对象数据是指数字化的文本、声音、图片、影像等的数据,分布式存放在各地的资源站点内,当用户查询时,中心调度系统通过元数据调度各个对象数据库中的数据供用户使用。

总而言之,数字图书馆是以因特网、万维网为载体,是具有信息知识提供功能的数字化信息系统,同时数字图书馆也是将散见于各种载体和不同典藏地的信息资源以数字化方式存储,实现网络化连接,提供即时信息化服务的知识工程基础设施。这就需要数字图书馆基本系统具有兼容性,良好的互操作性,开放式的可扩充性及快速反应能力性和一致性。

第二节 现代图书馆的特征功能

一、现代图书馆的特征

(一)网上下载的数字化全文处理

网上下载的数字化全文,如果采用四个文件,就不必对数据进行转换;如果全文采用纯文本格式,则要对其进行格式转换。这样才能与馆藏文献数字化格式一致,并且有浏览、查询检索的功能。

文献内容数字化处理,包括馆藏文献、外部电子信息资源、网上资源和非网上资源的数字化和技术处理,要有目的计划,要根据用户需求、馆藏的基础、馆藏重点发展计划、馆藏特色、地区或全国合作计划等因素来确定。国内外数字图书馆的试验项目告诉我们,在组织馆藏文献信息数字化时要注意以下几个问题:①选题要有针对性,具有特色;②选题的文献信息类型馆藏较齐全;③以一次文献信息加工为主,辅以二次书目信息的建立;④选题要简单,范围不要太宽,否则项目过大,短期内不能完成,势必影响今后的发展。

(二)利用计算机技术管理已数字化的各种文献信息资源

自从计算机技术在图书馆应用以来,实现了对各类文献信息的加工、采集、存储、检索、传递和业务管理,推动了图书馆自动化的发展,实现了对传统文献的更有效管理。进入数字图书馆阶段,主要利用计算机来管理多媒体文献信息资源,特别是对视频图像和音频信息进行数字化存储、加工、处理、图像检索、音乐选播和多媒体信息传输,从而使多媒体文献信息增值。管理的内容包括多媒体信息数字化,数字化信息的标识与描述,组织规范性加工与存储,存取服务的管理,知识产权、存取权限、数据安全管理等。最终利用计算机技术、通信技术、网络技术、高密度存储技术建成具有管理功能的数字图书馆。

（三）一座巨大的信息资源宝库

数字图书馆是我国宝贵的文化遗产和当代迅速发展的各种载体的信息资源的重要基地。所以，一个数字图书馆的信息规模必须达到相当大的程度，才能体现数字图书馆的价值，尤其是信息增值，所以说，它是一座巨大的信息资源宝库。资源库可包括本馆、本地区、全国各类型图书馆信息系统的资源，也包括因特网上各类型信息系统的资源。

（四）文献信息的存储、检索、传递网络化

有专家形容数字图书馆是一个"互联空间"或"电脑化空间"。数字图书馆已远远超出了传统图书馆界定的场所，它是通过互联计算机网络，把分散在世界各地的网上资源有效地链接起来，超越了时空的约束，使用户或读者在网络所及的任何时候、任何地点以多种方式获得所需文献信息资源。

（五）广泛的可存取性

数字图书馆是在网络环境下运行的一个超大型信息系统，也就是说，数字图书馆可与地区网、国家网、国际网互联，使用户可获得馆内外的大量信息资源。广泛可存取性包含两层意思：一是资源来自世界各地的政府、大学研究机构、企业、团体和个人；二是任何人都可在网络所及的任何时候、任何地点获得所需资源。外国人称之为"信息存取自由化"。因此，网络不仅是数字图书馆具有广泛存取性的基础，也是数字图书馆的核心特征之一。这是传统图书馆与数字图书馆最大的差别之一。

（六）资源共享性

资源共享是传统图书馆苦苦追求的目标，但由于观念、条件和环境等诸多因素的制约，不可能实现真正意义上的资源共享。目前借助网络，各图书馆都可相互交换数字化的馆藏，包括机读目录、电子出版物，也可使用户自由交换各自的数字化馆藏，以补充数字图书馆的资源。所以，数字图书馆的信息资源可包括全世界的信息资源，成为全

世界共享信息的资源库,这是理想化的数字图书馆特征。从目前的情况来看,出于国家利益、集团利益、版权等一系列问题,仍然阻碍着真正信息资源共享的实现。

(七)开放性

从图书馆的角度来说,要实现信息资源共享,除技术条件外,更主要的是开放,即图书馆对所有人开放,除了要保护的一些特殊资源外,馆藏应完全对外开放。所以有人预言,未来的图书馆是一种"无围墙的图书馆",即通过网络条件,对所有社会大众开放。有了这个意识和行动,数字图书馆的资源共享才能美梦成真。

(八)其他特征

数字图书馆还有一些特殊的功能和特征:①信息数字化存储,存储量大,体积小,节约空间。②数字化方式能够使不同载体、不同形式、不同语言文字的文献转化为同一种形式的文献,如CD‑ROM就能同时记录文字、图像、声音,并在网上传递。③利用方便、自由。凡拥有计算机和调制解调器,能够与网络连接,就不必亲自到图书馆,可在任何时间、任何地点方便地检索、查询、浏览网上的图书馆的信息资源,不受开馆时间和距离的限制。④信息资源利用率高。数字图书馆中的信息资源由于能够在更大范围内被用户使用,所产生的社会效益和经济效益将更高。⑤用户通过计算机和网络直接利用图书馆资源,无须通过图书馆馆员的中介,不仅提高了获取信息的速度,也减轻了图书馆人员的劳动强度。⑥节约经费。整个网络,网上的任何信息都可以为虚拟图书馆用户所利用,因而用户不再关心某一种文献本馆是否拥有,图书馆也不必再为力争多采购文献而抱怨经费不足。

二、现代图书馆的功能

(一)现代图书馆系统的功能

1.内容创建与获取

在数字图书馆中,可将文本、图片、视频、音频的资料实现数字化,其功能包括从内容创建到图像校正和图像转置、协调、编辑、色彩校正及视频图像压缩等。数字图书馆的文献信息处理包括自动索引、建库、特性抽取和翻译功能。

2.存储管理

数字图书馆运用关系数据库技术、对象处理技术和多媒体集成的分级存储管理方法,对文本、图片、图像、视频、声频实行分组存储,但又相互联系。

3.权限管理

数字图书馆的权限管理主要体现在对知识产权的访问方面使用了许可、控制和监督办法,具有加暗码的使用协议,附加版权信息,注册商标的水印嵌入和计费、结账等功能。

4.访问和查询

数字图书馆集成了丰富的查询技术,包括文本和图像分析工具以及数字化音频视频信息的查询工具,可提供索引和全文检索。尤其值得一提的是IBM图像内容的查询,图像可按照颜色、宽度、纹理和位置进行查询检索。

5.信息发布

数字图书馆能够有选择地在现有的任何计算机网络系统上发送信息,即可以在传统的主机/终端机系统、客户机服务器上或因特网上发布信息。发布方案包括视频点播、远程教学、交互式网上购物等。

(二)因特网同资源的连接功能

连接功能主要包括:①数字图书馆具有提供连接因特网信息资源的功能;②连接联机信息检索系统,如 DIALOG、STN、BRS、CAS、Data Star、ORBIT 等;③连接各种图书馆和书目服务机构,如 OCLC、RLIN、WLN、LC 等;④连接各种电子报刊数据库系统,如 CARL 的 Uncover 系统;⑤连接网上各种专业数据库系统。因特网已经作为数字图书馆的网络环境,其网上资源已成为数字图书馆最大的资源。

(三)联机书目查询功能

数字图书馆功能应包含传统图书馆的联机书目的各种功能如 OPAC、内部业务管理的查询显示和检索的规范控制等。

(四)电子出版物资源的利用

在数字图书馆中电子出版物将占有重要地位,是数字图书馆资源的重要来源。CD‑ROM 光盘数据库有索引型、全文型和多媒体型,其中后两者将是今后电子出版物的主流产品。为此,应建立光盘数据库与数字图书馆的连接,或者进行格式的转换,或者与 CD Net 连接。

(五)网络服务功能

数字图书馆是在网络环境下运行的。今后,数字图书馆的一切活动都将在网络上进行,包括数字图书馆资源的制作、存储查询与检索,读者借阅服务、咨询服务、交流与传输、反馈等,所以网络服务功能将是今后图书馆服务的主要形式[1]。

第三节 现代图书馆与传统图书馆的区别

图书馆作为社会信息资源保存与传播知识文化的中心,其事业的高度发展是衡量社会文明的一个重要标准。

作为信息的载体,现代数字图书和纸质图书相比,有本质的不同。数字图书是无形的,以电子文件的形式存在,阅读时需要一定的设备(如电脑或电子图书阅读器等)和特定的应用软件;数字图书是超文本的,可以包含图片、声音、电影、动画等内容,而且支持超文本链接,信息量更加丰富,阅读更加方便;数字图书可以无成本任意复制,便于传播和扩散,适合大家共享;数字图书有方便快捷的查找功能,可以迅速找到相关的内容,大大提高了资料检索的效率;数字图书支持剪切、拷

---

[1]蔡莉静,鄂丽君. 现代图书馆特色资源建设[M]. 北京:海洋出版社,2012.

贝等功能。

一、馆藏——从实体馆藏到虚拟馆藏

馆藏是传统图书馆赖以存在的基本物质前提,馆藏量的多少往往表现着一个图书馆的规模与实力,图书馆的大部分日常工作都围绕着馆藏的收集、加工、保存与利用而进行,但是在数字图书馆时代,这种情况将有根本性的改变。

(一)馆藏形式

在馆藏的形成上,传统图书馆以"自己采集,自己加工,自己占有,自己积累,自己利用"为主要形式,形成独立而又封闭的馆藏模式。现代数字图书馆馆藏由两部分构成,一是自身采集收藏的资源,二是网络中的资源。网上资源是开放的、共用的,不能独立占有,也就是说,现代数字图书馆以联机馆藏为主,形成"虚拟馆藏",突破了个体线性馆藏的范围。传统图书馆的馆藏以线性的、静态的实物型馆藏为主;现代数字图书馆的馆藏则以动态的网络资源为主。所以对现代数字图书馆来说,个体馆藏量的多少并不很重要,重要的是能从网络中获取多少信息。

(二)馆藏载体

在馆藏载体形式上,传统图书馆以物理实体馆藏即纸质文献收藏为主,而现代数字图书馆则以数字文献为主,数字文献具有存储密度大、出版周期短、形象直观、检索方便等纸质文献无法比拟的优点。

(三)文献来源

在馆藏文献的来源上,传统图书馆基本上以采集那些已出版发行的一、二、三次文献为主,而数字图书馆则可以通过网上的电子论坛、电子邮件、电子布告栏等渠道,大量获取那些未经出版发行而直接由作者公布的零次文献。在文献采集方式上,传统图书馆以直接购入为主,而现代数字图书馆则可以采取多种方式,如入网、租用、复制等,而且很多都是免费的。

（四）馆藏质量

在馆藏质量的评价上，传统图书馆的馆藏质量往往是用馆藏的数量、结构重点等指标来衡量，而现代数字图书馆则不能以本馆的实际收藏为唯一的评价对象，还要看网上资源的质量。数字图书馆不注重某一单个馆"藏有什么"，它所注重的是"能从网上获取什么"，所以对数字图书馆来说，检索质量比收藏质量更重要。

二、工作中心——从图书馆到用户

众所周知，传统图书馆工作是以图书馆这一机构为中心来开展的，用户利用馆藏资源一般必须亲自到馆查阅才行，这样，物理距离就成为用户选择利用图书馆的重要因素。在数字图书馆的条件下，用户已不再真正关心"图书馆在什么地方"的问题，而是关心"如何联结网络""网络中心有什么"的问题。也就是说，在数字图书馆的条件下，以图书馆为本位的"图书馆中心"时代将被以用户为核心的"用户中心"时代所取代。

在数字图书馆环境中，我们会清楚地看到，图书馆的实质是选择联结和组织利用信息资源为用户提供信息与资源服务的"工作站"，这种"工作站"是一切以用户的需要为中心来开展工作的。在传统图书馆时期，图书馆的机构意识非常浓厚，而用户意识却相对薄弱，传统图书馆强调的是"用户适应图书馆"，而现代数字图书馆强调的是"图书馆适应用户"。

三、服务——从文献到信息，从借阅到参考咨询

数字图书馆的产生，使图书馆传统的服务方式产生了新的变化，阵地服务拓展到空间服务，由定时或限时服务，变为读者随时自我服务，由书本式载体服务，变为数字式载体服务。这些变化，导致了图书馆工作人员的思想观念发生变化。图书馆现代化不只是拥有先进的技术，更重要的是要有现代化精神，有一个开放的心态。现代数字图书馆的产生，使人们的思想观念有了新的变化，增强了以方便读者为

核心的服务意识,以网络为基础的共享意识,向管理规范化、技术标准化、资料特色化、服务社会化、合作国际化迈进。

传统图书馆的读者服务基本上是以"件"或"册"为单位的文献借阅服务为主,一般只回答读者的"答案在哪里"的问题,而现代数字图书馆则以信息为基本单元,深入到字词、句段、数据或一条记录的层次,直接回答用户的"答案是什么"的问题。超文本、多媒体等技术的发展和应用,为图书馆的这种深层次服务提供了可靠的技术保障。这就迫使图书馆必须实现从以文献为主要对象到以信息为主要对象的转变[①]。

传统图书馆以文献借阅为主要工作形式,而现代数字图书馆则以面向用户的参考咨询工作为主要内容。因为文献借阅过程将由用户自己通过个人电脑系统来完成,全文检索技术的发展为这一过程的实现提供了技术保证。

在数字图书馆条件下,图书馆为用户服务主要表现是为用户选择联结信息资源的过程,用户利用图书馆的形式也主要表现为"某一网络中有无某一信息""如何联结该网络"等问题的咨询过程。也就是说,在数字图书馆条件下,参考咨询工作是用户利用图书馆的主要界面与枢纽来完成。因此,参考咨询工作将取代文献借阅工作而成为图书馆最经常、最重要的工作。

四、图书馆馆员——从保管员到信息专家

传统图书馆工作由于是以馆藏文献资源及"图书馆"这一机构为中心来展开的,所以图书馆自然表现为一种"文献仓库",图书馆馆员在很大程度上扮演着"仓库保管员"的角色。而数字图书馆已实现了网络化和虚拟化,资源共享已成为现实,所以不需要保管员式的工作人员,尽管图书馆仍然要承担文献保存任务,但出于缩微化存储技术

[①]魏存庆.传统图书馆向现代图书馆转型跨越之路[M].北京:国家图书馆出版社,2017.

的广泛应用,文献保存工作变得非常容易且居于次要地位。在这种前提下,作为一种高新技术支持的数字图书馆,它所需要的图书馆馆员应该是"知识咨询专家"和"知识海洋的领航员"。

现代数字图书馆出现了许多传统图书馆所没有的岗位,因此拓展了工作人员的专业技能,要求他们的素质有新的提高:其一,现代信息技术的引入,使其尽快掌握计算机技术,学会多种操作程序,成为信息高速公路上的有证"驾驶员"和优秀"驾驶员",不但具有驾驶信息车辆的技能,而且具有"货物"的装卸能力。其二,工作人员素质学者化,成为不但具有图书情报专业技能,而且具备其他学科专业知识的复合型人才,这样才能更好地为各类读者服务。其三,具有较高外语水平的人员逐渐增多,计算机技术、互联网技术均是外来技术,不懂外语,就无法驶入互联网之中,外语水平低,则不能应用自如。故此,现代数字图书馆的产生和发展,促进了图书馆工作人员外语水平的不断提高。其四,政治素质不断提高,岗位奉献意识不断强化,数字图书馆的产生和发展,促进了图书馆工作人员心理思想、态度和行为方式的转变。这种转变过程自然是一种优胜劣汰的过程,经过这种转变的图书馆工作人员,其心理素质和思想水平必然有很大提高。

五、馆舍利用的新变化

近年来,随着图书馆事业的蓬勃发展,馆舍不但从数量上有了大的增加,而且在质量上也发生了很大的变化。模数式设计成为现代馆舍建筑的主导,为馆舍利用增加了很大的可变性。这种结构的可变性,被认为是现代图书馆建筑的重要特征。现代技术在图书馆的应用,为数字图书馆的产生和发展创造了良好的条件,并较传统图书馆在馆舍利用方面发生了新的变化。主要变化包括以下两个方面。

第一,面积分配和空间关系变化。建立在传统图书馆基础之上的数字图书馆,主要馆藏资源是数字出版物,其中心任务是处理、传送数量庞大的数字出版物。这种处理、传递过程与传统图书馆有很大的区别,对馆舍的要求亦有很大不同,其空间关系的变化,既包括馆舍区域内的变化,也包含区域之外的扩展变化。这种变化之一是,变板块式管理为系统的统一协调管理,即将原来的管理区、书库区、阅览区的明晰区位界限,变为网络整体联系,区位功能呈模糊的统一型、一体化阅读区;变化之二是,变馆舍内阵地服务、定时限时服务为空间服务和即时服务。

第二,馆舍功能要求的变化。传统图书馆的信息载体绝大部分为纸介物质,功能要求相对来说是不高的。而数字图书馆的信息载体为信号、电子介质及电子设备,对放置空间均有其自身的特殊要求,除了尽量避免强光和通风换气良好以外,还应有防尘、防潮、防磁、防静电等设施,对温度和相对湿度也有严格要求。

第四节　图书馆现代技术

一、图书馆现代技术简介

图书馆现代技术,通常指利用计算机技术、信息检索技术、数字技术、高密度存储技术、多媒体技术、条形码技术、触摸屏技术、复印技术、缩微技术、声像技术、计算机网络技术、信息安全技术等现代化手段对图书馆的文献信息进行存储、加工处理、传输、输出等自动化处理。其中计算机技术既是新技术革命的标志,又是变革图书馆工作的核心技术,它的出现是人类一项最惊人的成就。

随着科学技术的迅猛发展,大量文献的产生以及文献寿命的加速缩短,使得传统的图书馆管理方法无法满足人们对文献情报的需求。随着计算机技术、远程通信技术及高密度存储技术的出现,使图书馆工作得以实现现代技术的应用,它使人们能高效率地利用文献情报。

20世纪90年代以后,随着计算机科学技术的迅猛发展、国际信息高速公路的开通和网上信息资源的开发利用,图书馆现代信息技术迈向新的领域。时代在呼唤着图书馆的伟大变革,新技术革命为图书馆实现现代化带来了新的技术手段。图书馆正朝着网络化、电子化和数字化的方向发展;图书馆现代技术的发展产生了质的飞跃,以至提出了"无围墙的图书馆""数字图书馆"和"虚拟图书馆"等概念,这些概念正在逐步成为现实。

二、图书馆现代技术体系的内容

图书馆管理与其他现代技术相结合,更新和改造了工作手段,同时也发展了现代化技术装备。目前在图书馆采用的现代技术主要有以下几个方面。

(一)计算机技术

这是现代技术体系中的核心部分。由于电子计算机具有处理速度快、存储容量大和较强的逻辑运算功能以及多样化的输出设备,适合于实现对大量烦琐、重复但规律性极强的图书情报工作的自动化控制。因此,它也是图书馆现代技术应用的主体。

计算机技术在图书馆自动化管理系统中的广泛应用,大大地促进了文献信息的收集、加工、处理、传播和利用,使图书情报现代化进入了一个新的发展时期。

(二)数字技术

数字技术是随着当代科学技术的发展而迅速发展起来的一门新的技术,即指将各种采集到的信息,包括文字、图片、声音、图像、动画等原始信息,以数字的方式进行存储加工、处理、传输,再经转换后输出。这种数字技术,目前已广泛地应用于社会的各个领域,如数字扫描器、数字照相机、数字式电视机、数字通信等。利用数字技术建立的数字图书馆,在国外和我国已经有很大的发展,在不久的将来,数字图书馆会在全世界普及。

（三）高密度存储技术

随着电子技术的高速发展,计算机高密度存储技术也发展得很快。在早期的计算机上,人们用磁芯作为内存储器的主要元件,一般用磁鼓、磁泡等设备做外存。但这些早期的存储设备,其存储密度低,读写速度也较慢,后来又出现了半导体存储器。当大规模集成电路计算机出现以后,硬磁盘、软磁盘、光盘等广泛地投入应用,使计算机的存储技术出现了一次新的飞跃。

20世纪80年代以来,随着计算机高密度存储技术的飞速发展,特别是大容量磁盘存储技术、光盘存储技术和磁盘阵列技术的应用,使计算机高密度存储技术在图书馆的应用方面迅速地出现了一个新的局面。

高密度存储技术在图书馆中的应用,可以大大节省藏书空间,提高获取文献全文的速度。在信息量剧增的今天,高密度存储技术无疑是十分必要的,它扩大了图书馆对知识载体的使用范围和收集领域。随着计算机高密度存储技术的进一步发展和在图书馆中的应用,所谓"袖珍式图书馆"和"手提式图书馆"也会变为现实。

（四）多媒体技术

多媒体技术是指应用计算机技术对各种形式的信息,如文字、数字、声音、图形、图像等进行综合处理的技术,也就是综合应用各种信息表达方式的技术。所谓综合处理大致包括对各种形式信息的编辑、组合(无缝结合)、分解、转换等。用多媒体技术生成的文献就称为多媒体文献。

多媒体技术综合处理多种媒体信息,全文文本、动态图像以及语音信息都要求有很大的存储空间,视频图像与音频信息都具有连续性,这些都对多媒体技术提出了较高要求,其中最关键的技术包括:①数字压缩与还原技术;②海量存储器;③多媒体操作系统;④数据库理论与方法;⑤支持多媒体的硬件与网络技术等。

多媒体技术以信息表达直观、生动、逼真等优点而被广大读者所接受,它的出现和投入使用,将对图书馆传统的信息保存与提供方式、服务方式、工作方式等带来巨大的冲击。多媒体技术在图书馆的广泛应用,必将使图书馆信息的存储、开发、利用迈向一个新的阶段。

(五)条形码技术

条形码技术是一种自动识别技术。条形码自动识别技术不但快速准确,而且可以提供可靠性很高的数据。

现在条形码技术已被广泛应用于工业自动化、物资流通、图书及邮政管理办公自动化等各个方面。目前国内使用计算机管理的图书馆,几乎都采用了条形码技术[①]。

(六)触摸屏技术

触摸屏技术是指为实现最方便、简单、自然、直观的输入手段所涉及的信息查询输入技术,它能够在人机交互控制下简单方便地进行查询以获取各种信息。无论是控制还是查询输入,完全不懂计算机的人也可以进行操作。通过触摸屏,读者可以查询到感兴趣的一切信息。

随着自动化技术的引进,图书馆各项业务工作正逐步使用计算机进行管理。触摸屏作为最简单方便的信息输入设备,在图书馆自动化系统中应用已比较广泛,在图书馆文献信息管理中也得到广泛的应用。

(七)复印技术

复印技术即通常人们所指的静电复印技术。它作为传递信息的重要手段之一,已在图书馆信息技术中扮演了一个重要角色。静电复印是利用某些材料的光电导静电特性对被复印稿件进行照相,并以复印品准确迅速输出的一种图文复制技术。

静电复印技术曾被看作是印刷技术中的一个分支,因而也被称作"特殊印刷"或"无压印刷"。它在图书馆文献复印中的应用,改变了过

---

①张瑶. 现代技术在公共图书馆的应用[J]. 办公室业务,2019(01):147-149.

去人们对所需文献内容抄写的烦琐工作方式,使得文献交换和传递速度大大加快。因此,复印技术是图书馆信息技术中不可缺少的部分。

(八)缩微技术

所谓缩微技术,就是用光学的方法,主要是通过照相技术,将原始文献缩微在一定规格的微小载体上,制成各种规格的缩微照片,并通过一定的显微阅读机器进行阅读的技术设备和使用方法的总称。用缩微复制方法制成的文献复制品叫"缩微品"。

缩微技术为图书馆大量珍贵的历史文献提供了保存和利用的技术手段,提高了文献的保存和利用水平。文献缩微技术的应用愈来愈受到人们的重视,开展这项工作在图书馆事业的发展中具有极其重要的战略意义。另外,在这里也要特别说明,缩微品并没有因为光盘的出现而失去其价值。国外实践证明,缩微品在保存的长久性和可靠性方面极大地优越于光盘。

(九)声像技术

声像制品主要包括唱片、幻灯片、录音带、电影胶片、录像带、节目光盘等。声像技术是用声音和图像信号来记录和传播信息,给人以直观和真实的感觉。它打破了以往只靠书本、文字传播知识信息的传统,使人们能够得到更直观、更真实的知识信息。

(十)计算机网络技术

计算机网络技术是计算机技术与通信技术相结合并相互渗透的产物,是用户特殊需求的结果。所谓计算机网络是以能相互共享资源的方式连接,并且各自具备独立功能的计算机系统的集合。通信技术与计算机技术相结合以及通信网络的迅速发展,使得计算机的功能和作用发挥得淋漓尽致。今天,世界各地的计算机都可以借助通信网络相互传递信息,E - mail通信正在代替传统的书信、电报和电话;网上书目查询、全文检索,以及多媒体信息的传递愈来愈普遍。利用现代通信技术和网络技术,不但突破了传统的利用图书馆的时间、空间的限制,而且达到广泛的信息交流和图书资源共享的目的,同时也加快了图书情报传播的速度,使得信息资源共享成为现实。

三、图书馆应用现代技术的目的和意义

科学交流、技术进步的过程,实际上是情报流动的过程,即情报从生产者流向使用者、使用者吸收后再创新成果的过程,每一个过程都或多或少地推动着人类社会的进步。

有人统计,一位化学家要浏览世界一年内发表的有关化学的论著,以一周工作40小时计,则需要48年,而用计算机检索,只要不到一分钟就行了。从某一个角度说,如果采用现代化技术缩短了查找资料的时间,相应地也缩短了科研时间,就等于增加了科研力量,延长了科研人员的生命。在当前科学技术成果不断涌现、科学技术文献不断增加的时代,如何加快文献的处理速度并迅速提供给用户,即实现图书情报工作的现代化是摆在我们面前的一个重要课题。

建立一个图书情报的计算机管理系统,应用现代技术可以大大提高图书馆对读者的服务质量。图书馆计算机化,最大的获利者是读者,它可以让读者以最快的速度查找到所需要的文献资料。

随着每个图书馆的期刊、各种论文和报告的数量愈来愈大,如何帮助读者在大量的信息中挑出对自己有用的文献资料,就需要计算机对这些信息进行加工和处理。图书编目、读者查询、图书流通、期刊管理、建立二次文献数据库和进行情报检索等工作可以实现此目标。计算机应用于图书情报管理有一个很大的特点,即一种输入可多种输出,一次输入可多次利用,一处加工可多处使用,加上计算机快速的运算,可大大提高对图书情报的检索效率,能灵活地满足人们对图书情报工作多种类型、多种形式(卡片、磁带、打印、胶片、纸带)和多种用途的需要。从服务内容到服务方式,计算机能完成许多人工无法做到的事情,以达到现代的服务水平。总之,它处理的速度快,提高了工作效率,从而提高了服务水平。

第二章 图书馆文化的建设体系

第一节 图书馆文化建设的意义和原则

图书馆文化建设是一项复杂的系统工程。这一工程周期长,涉及因素多。只有遵循图书馆文化的演变规律,领导重视,系统规划,组织、协调好各个方面的建设力量,广泛吸收群众参与,选准启动时机与切入点,按照科学的原则、程序和方法办事,才能确保工程建设的速度和质量。

众所周知,各类图书馆的情况都不一样,每一个图书馆启动文化建设工作时,起点、内外环境都不一样,例如图书馆和公共图书馆就有很大的差异。从严格意义上讲,图书馆文化建设工程不但没有统一的模板,也没有类型模板,每一个图书馆都是一个个案,都得进行独立设计。但是,这些图书馆还是有共性的,我们试图从一般的图书馆文化建设规律中,抽象出一些原则,总结出一些程序与方法等,使每一个图书馆在具体进行图书馆文化建设时,能从实际出发,因地制宜,创新运作,突出特色。

一、图书馆文化建设现实意义

(一)提升图书馆的核心竞争力

图书馆的核心竞争力即图书馆准确预测、分析和把握读者需求,并通过对智力知识、技术、信息产品、管理、文化以及人员进行整合,创造出具有本馆特色服务和增强图书馆在信息市场中竞争实力的能力。建设图书馆文化能够提升和改变图书馆核心竞争力诸要素与功能,并使之形成优势组合。它将科学技术知识、人文社会知识凝结为馆员自身的综合素质,又以馆员为载体,发挥出信息、知识、科技和智能服务的功能,为图书馆的发展注入启动力和开发力,从而最大限度地发挥图书馆的竞争优势。

(二)增强图书馆内在发展动力

图书馆文化的创建对于增强图书馆内在的发展动力有着十分重要的意义。首先,通过图书馆文化建设,塑造馆员共同的价值观,确立共同遵守的行为规范与准则,将馆员个人目标纳入图书馆发展目标之中,使馆员能够感觉到图书馆目标的实现意味着个人价值的实现,这样,就能最大限度地激励馆员为实现图书馆的工作目标而勤奋工作、积极进取,从而增强图书馆的凝聚力、感召力和向心力;其次,创建图书馆文化,实行人本管理,让馆员参与部分管理、决策,为馆员创造一个相对自由、宽松的工作环境,使他们认识到自己在工作中的地位和作用。实行人本管理,关心馆员的个人成长和发展,给馆员创造学习和发展的环境和机会,使馆员认识到图书馆不仅是工作的地方,而且是充分挖掘自己潜能、实现个人价值、培育人才的地方,这样,就能充分激发馆员的积极性和创造力,增强图书馆发展的内在驱动力。

(三)加强图书馆现代化管理

图书馆现代化管理包括以下几个方面。首先,网络环境下,图书馆赖以服务的信息资源从单一化、实体化转向多元化、虚拟化,图书馆管理手段从手工管理转向以计算机网络系统为基础的计算机化管理、网络化管理,其管理方法从"以我为中心"转向"以读者为中心",新的信息服务方式也应运而生。建设图书馆文化,塑造科学的价值观,能不断赋予图书馆新的管理理念,建立科学的管理模式,提高管理水平,以适应新形势的变化。其次,网络社会中,衡量图书馆价值的主要标准已不再是馆藏文献数量、馆舍面积和技术装备,而是读者服务质量。现代读者利用图书馆,除了要求提供准确、快捷、方便的服务之外,还要求提供个性化、人性化、深层次的服务。这就要求图书馆除了需要履行服务制度,进行直接的外部监督等硬管理之外,还需要建设图书馆文化,培育共同的价值观和良好的图书馆精神,加强软管理[①]。

(四)培育现代馆员的需要

信息的数字化和计算机网络技术的发展给现代图书馆带来了深刻的影响,促使馆藏、服务模式发生了巨大的变化。新的信息服务方式和读者需求要求现代馆员具有良好的职业道德、复合的知识结构、一专多能的技能结构以及创新的思维和能力。

第一,通过图书馆文化的建设,为馆员提供统一的理想、信念和价值观,馆员的内心会产生一种强烈的责任感和奋发有为的精神,馆员就会认同图书馆的发展规划和人才培养计划,就会自觉地按照图书馆工作的要求,不断学习,力争早日成为一名合格的现代馆员。

第二,图书馆文化强调以人为本,将人力资源视为组织最重要的资源,重视馆员自尊、自我实现等高层次心理需求,从而形成人尽其才、物尽其用的良好氛围,扭转人员流失的现状,从而做到以文化环境塑造人才、培养人才、留住人才,共同建设好新时代的图书馆。同时,建设图书馆文化,图书馆将会为馆员提供继续教育和其他丰富多彩的文化教育活动,这些活动将有力、有效地改善馆员的知识结构,完善他们的技能结构,提高他们的综合素质。因此,建设图书馆文化对培育现代馆员有着十分重要的意义。

二、图书馆文化建设的原则

(一)目标原则

1.有目标才有自觉

在管理学中,目标是指人们通过自身的各种活动,在一定时期内

---

①焦青.高校图书馆文化建设研究[M].北京:中国商务出版社,2019.

所要达到的预期结果,即"工作内容+达到程度"。目标管理是一种重要的管理思想和方法。人们从事任何管理活动,都应该有设想、有目标,没有设想和目标的管理是盲目的管理。图书馆文化建设作为图书馆管理活动的高层次追求更不可缺少目标,有了目标才能使图书馆文化的发展由自发变为自觉,启发馆员的文化自觉意识,有了图书馆文化目标管理,才能使图书馆文化建设达成预期目的。

在图书馆文化建设中,坚持目标原则的直接目的在于:一是有效地引导组织成员的认识与行为。告诉人们工作应如何做、做成什么样才是图书馆文化所要求的,避免出现因强调个人价值、个人目标和眼前利益而忽视组织整体价值、整体目标和长期效益的倾向。二是激励馆员的工作热情和创新精神。目标本身即具有激励性,更何况图书馆文化目标直接反映着本馆全员的理想信念和价值追求,向人们展示着组织美好的发展前景,因此对馆员会产生巨大的激励作用。三是为考核与评价组织成员的工作业绩和文化行为提供依据。使考核与评价过程成为总结经验、杜绝"第二次失误"、推进工作良性循环和文化进步的过程。

2.目标原则的实践

在图书馆文化建设中坚持目标原则,首先意味着要科学合理地制定图书馆文化的发展目标,即明确图书馆组织的基本信念和基本哲学。这些基本信念和基本哲学目标不同于图书馆经营目标,不像经营目标那样具体和可量化、可操作,它只是一种理念性的目标,这种目标一旦确定下来,一般不会轻易改变,它决定着管理目标的方向和实施的成效。其次意味着要采取有效的办法实现既定文化目标。一般来讲,图书馆馆长往往是其组织基本信念和基本哲学的最初倡导者。开始时馆员对此并未产生共识,只有经过其长期灌输、精心培育,并使其馆员及时得到认同和实现这些目标的反馈,才能使他们的目标行为不断被强化,进而为实现目标而献身于事业之中。

(二)共识原则

1.创造共识是图书馆文化建设的本质

"共识",是指共同的价值判断。创造共识是图书馆文化建设的本质。图书馆文化建设强调共识原则,是由以下三点所决定的:一是由图书馆文化的特性所决定。人是文化的创造者,每个人都有独立的思想和价值判断,都有自己的行为方式。如果在一个组织中,任由每个人按自己的意志和方式行事,组织就可能成为一盘散沙,不能形成整体合力。二是图书馆文化不是图书馆中哪个人的"文化",而是全体馆员的文化。因此,只有从多样化的群体及个人价值观中抽象出一些基本信念,然后再由组织在全体成员中强化这种信念,进而达成共识,才能使组织产生凝聚力。三是优秀的图书馆文化本身即是"共识"的结果。因此,建设图书馆文化必须不折不扣地贯彻这一原则。只有强调共识,全员参与,集思广益,使决策与管理都建立在全员智慧与经验的基点上,才能实现最科学的决策与管理。

2.共识原则的实践

充分发挥文化网络的作用。图书馆文化的形成过程,就是组织成员对图书馆所倡导的价值标准不断认同、内化和自觉实践的过程,而要加速这一过程,就需要发展文化网络。文化网络被认为是图书馆文化的组成要素之一,它是组织内部主要的却是非正式的沟通手段,是组织价值和英雄式神话的"载体"。充分利用网络,通过正式或非正式的、表层的或深层的、大范围的或小范围的等各种网络系统,相互传递组织所倡导的这种价值标准和反映这种价值标准的各种趣闻、故事以及习俗、习惯等,做到信息共享,以利于全员共识的达成。逐步建立起参与型的管理文化,充分体现群体意识,促使共识文化形成。

(三)一体化原则

1.精神一体化是图书馆文化追求的至高境界

一体原则,即坚持图书馆管理人员和一线馆员之间的关系一体化。在图书馆文化建设中,坚持一体原则能够有效地建立起组织内部人与人之间相互信赖的关系,为实现价值体系的"一体化"创造条件。传统的图书馆管理模式人为地把管理人员与一线馆员分割开来,图书馆组织就像一座金字塔,从上到下实行等级管理。这种管理模式的前提是,把管理人员视为管理主体,把一线馆员视为管理客体,管理的目的就是管理主体如何去控制管理客体,按照管理主体的意图和规划目标去行事,容易造成管理主体和管理客体的对立。尤其是在信息社会,随着科技进步以及生产自动化和现代化程度的提高,脑力劳动越来越占主导地位,脑、体劳动之间,管理者和被管理者之间的界限越来越模糊。坚持按一体原则建设图书馆文化,有助于打破管理人员和一线馆员之间的人为"文化界限",使二者融为一体,建立共同的目标和相互支持、相互信赖的关系,促进组织精神文化一体化的形成。

2.一体化原则的实践

在图书馆文化建设中,实行一体原则,最重要的是要弱化等级制度的影响,把原来"干部—工人""脑力劳动者—体力劳动者""管理者—被管理者"等带有浓厚等级文化色彩的关系,转变为一种带有人情色彩的分工协作关系,千方百计赋予一线馆员更大的权力与责任,建立内部一体化关系。实践证明,这样做的结果是,一线馆员大多数希望肩负责任,希望接受富有挑战性的工作,希望参加各种竞赛并希望获胜。只有给他们创造了这种条件,他们才能减少不满情绪,主动思考如何把工作做得更好,更出色;服务管理方式才能由过去纯粹的外部控制和外部激励变成馆员的自我控制和自我激励。

(四)卓越原则

1.卓越是优秀图书馆文化的一种状态

卓越是一种心理状态,也是一种向上精神。追求卓越是一个优秀的人,也是一个优秀的图书馆之所以优秀的生命与灵魂。大凡优秀的图书馆文化,肯定是一种卓越的状态。竞争是激发人们卓越精神最重要的动力,一种竞争的环境,促使一个人或一个组织去努力学习,努力适应环境,努力创造事业上的佳绩。显而易见,坚持卓越原则是图书馆文化的内在要求,因为无论任何组织在竞争的环境里都不甘于做平庸者,构建文化的目的都是为了创造卓越的精神,营造卓越的氛围。

卓越是人的社会性的反映。人生活在社会上,相互之间比较、竞争,都有追求最佳的意愿,也可以说这是人的本性。但人的这种本性不一定在所有的情况下都能完全释放出来,这要取决于他所处环境给予他的压力的大小,取决于有没有取得最好、最优的条件。图书馆文化建设的任务之一就在于创造一种机制、一种氛围,强化每个人追求卓越的内在动力,并把他们引导到一个正确的方向。有无强烈的卓越意识和卓越精神,是区别图书馆文化良莠的标志之一。

2.卓越原则的实践

善于建立卓越标准,建立反馈和激励机制。当人们知道什么是最好、最佳的标准并树立了相应的价值判断时,才能克服平庸和知足常乐的惰性心理,为实现组织倡导的目标而不懈努力;否则,尽管卓越文化的倡导者天天在喊口号,但缺乏对"卓越"应该达到的理想状态进行具体描述,人们的行为像不知终点的赛跑,因此即使有一定的卓越意识也不会保持长久。当然,反馈与激励也非常重要,反馈时由组织告诉每个人:你在卓越的路上跑到什么地点,与别人的差距有多大;激励时应及时奖励领先者,鞭策后进者,这些都能够增强人们追求卓越的动力。

造就英雄人物也是不可缺少的。组织英雄是体现卓越文化的典型代表,这些人物曾经为或正在为实现图书馆理想目标而拼搏、奉献,他们取得过显著的工作业绩,并且得到组织在物质与精神上的奖赏。在具有这类英雄人物的组织中,人们自觉不自觉地受到英雄人物卓越精神的感染,进而仿效英雄人物的行为。

（五）亲密原则

1.亲密性带来和谐与效率

图书馆文化建设过程中坚持亲密原则,由以下因素所决定。

第一,由图书馆的人性化本质所决定。图书馆作为人的集合体,不同于机器各部件之间的机械组合,它是一种有机组合。人是有思想、有感情的,人与人之间的关系在图书馆组织中除了在总体目标旗帜下进行分工协作,即处理工作关系外,还保持着感情联系,即体现"亲密性"。可以说,图书馆内部保持亲密性,带来和谐与效率;组织与社会保持亲密性,能够相互推动,共同繁荣。倡导亲密性是一切成功组织或者说是一切优秀图书馆文化所具备的共同特性。

第二,由人的社会属性所决定。人不同于动物就在于有社会性,他除了生理和安全上的需求外,还有社会交往、相互尊重的需求,即亲密性需求。对亲密性的需求是人类高层次的需求之一。亲密,意味着相互理解相互关心,它是爱的给予与获得。图书馆有了亲密性,才能产生和谐的人际关系,馆员在其中才能得到最大程度的精神满足。

第三,取决于现代组织对其成员所承担的责任。现代组织除了合理使用人力资源和其他资源为社会制造信息产品、提供服务外,还有责任使馆员在组织中受到教育、获得发展。实际上,图书馆依赖馆员获得发展,馆员也依赖图书馆获得发展,二者在相互依赖之中,关系也就愈加紧密。图书馆为馆员发展铺设阳光大道,馆员对组织才能产生归属感和忠诚心,进而产生敬业和献身精神。

第四,图书馆谋求融于社会,与社会同步发展的需要。图书馆作为社会的一个开放的文化组织,每天都与网上和网下各类读者打交道,图书馆文化即是在这种开放的环境中成长起来的。因此,图书馆文化建设客观上就要求图书馆与社会公众之间保持亲密性,这不仅有助于图书馆管理活动的通达顺畅,而且有助于从社会文化中吸收营养,提升文化品位,提高文化竞争力。

2.亲密性原则的实践

在图书馆文化建设中贯彻亲密性原则,应体现在物质、制度、精神各个层面,如建立健全馆员物质生活关心制度;开展丰富多彩的文化娱乐活动;倾听馆员的意见和建议,尊重馆员的尊严和价值;使馆员和管理者一起工作和思考,提高决策的透明度;在积极疏通图书馆正式沟通渠道的同时,鼓励馆员进行各种非正式的交流,融洽感情。尤其是应注重弘扬民族文化传统和图书馆的优良作风,培养和强化馆员"爱馆如家"的精神,在图书馆这一大家庭中,使馆员之间、馆员与管理者、管理者与管理者之间的关系达到最佳的和谐与亲密状态。应该说,这既是图书馆文化建设的目标,也是图书馆文化达到更高层次目标——价值一体化的手段。

第二节　图书馆文化建设的基本程序

一种优秀的图书馆文化的构建不像制定一套制度、建立一个业务流程那样简单,它需要图书馆有意识有目的、有组织地进行长期的总结、提炼、倡导、强化与践行。因此,依据建设图书馆文化的原则,确定科学的程序是非常必要的。建设图书馆文化的基本程序,一般是在健全领导机构(如成立图书馆文化建设领导小组或图书馆文化建设委员会),对图书馆文化建设作出科学规划的前提下,做好以下四个环节的工作,即对图书馆文化现状的调查研究与评价,图书馆文化理念的定型设计,图书馆文化的传播、推动与实践巩固,图书馆文化的完善与创新。在实践中,这四个环节构成图书馆文化建设的一个循环,相互交叉和渗透,促使图书馆文化不断升华,逐渐趋于成熟。

一、现状调研与评价

建设一种新文化,必须对现有文化进行清理和盘点,即通过调查研究,把握图书馆现有的文化状况及影响因素,对现有文化的优势、劣势及总体适应性作出客观的评价,为图书馆文化的科学定型做好准备。调研和评价的主要内容包括以下几个方面。

(一)图书馆的经营领域及其竞争特点

由于图书馆管理的对象规模、方法的差别,决定着图书馆管理的理念和特色;同时,因为管理对象不同,图书馆所面对的竞争程度也有较大差异。因此,明确图书馆的管理领域及其竞争特点,进而了解由此引起的图书馆管理上的差别,对现有图书馆的管理状况作出评价,就能够使图书馆文化建设具有针对性和可行性。

(二)读者用户和社会公众对图书馆的评价和期望

一个图书馆面向市场,直接服务的对象是读者用户,同时与社会公众打交道。图书馆做得好坏,图书馆服务过程中所秉承的服务宗旨是否满足用户要求,读者用户及社会公众最有发言权。因此,图书馆文化调研,必须深入了解读者用户、书商、器材供应商及各类公众对图书馆的评价,包括好的评价,也包括不好的评价,甚至包括一些抱怨以及很激烈的意见,了解他们对图书馆的期望。这些评价意见和期望是确定图书馆文化理念的重要参考因素。

(三)图书馆管理的成功经验及优良传统

图书馆管理的成功经验及优良传统是图书馆历史上形成的文化精华和闪光点,包括图书馆在长期的管理实践中形成的好制度、好做法、好传统、好习惯及模范人物的先进事迹等。这些成功经验和优良传统体现着图书馆文化的特色,是建设未来图书馆文化的最好的思想文化资源。图书馆文化中最闪光最有魅力的部分一般源于图书馆的成功经验和优良传统。当然,对图书馆过去形成的经验和传统也要客观地作出评价,对于已确定成为"过去时"、不再适应图书馆发展需要的部分,要敢于大胆舍弃,避免成为建设新文化的障碍。

（四）图书馆家的个人修养和精神风范

图书馆家,尤其是图书馆的创业者和最高决策者,他们是图书馆文化的倡导者、培育者,也是身体力行者,他们个人的品德、知识修养、思想作风、工作作风和生活作风对图书馆文化有直接的影响。特别是在图书馆创办初期,图书馆领导者和决策者的个人修养和精神风范直接渗透在图书馆文化之中,决定图书馆文化的风格和面貌。因此,在进行图书馆文化调研中,必须认真研究图书馆家的个性特征,并作出评价。在新文化的定型中,要体现图书馆家的高尚思想境界和道德风范,尤其是要体现图书馆家所特有的图书馆家精神。带有一定的图书馆家个人优秀品格的图书馆文化容易推行,也容易形成特色。

（五）图书馆馆员的素质及需求特点

馆员是图书馆文化的创造者,也是载体,馆员素质的高低直接影响着图书馆文化的建立和发展。如馆员所受传统文化影响的状况、社会经历状况就直接影响他们对改革的态度;馆员文化、技术水平的高低(如面对图书馆实行自动化管理需要学习时),政治思想水平的高低,决定馆员的思维方式及他们的理想和抱负;馆员的需求特点不同,影响他们的心理期望、满足度以及行为方式。只有正确评价和把握馆员素质状况以及需求特点,才能使图书馆文化的定型设计与其相适应,才能使馆员对定型后的图书馆文化产生自觉认同[①]。

（六）图书馆现有"文化理念"及其适应性

通过了解图书馆馆员的基本价值取向、情感、期望和需要,如馆员对图书馆的满意感、对自己工作的认识、工作动机、人际关系倾向、变革意识和参与管理的愿望等,明确图书馆倡导的占主导地位的基本价值观和伦理道德观,以及这些基本价值观、伦理道德观所体现出来的管理思想、行为准则等是否与图书馆的发展目标相适应,是否与外部环境相适应。通过对图书馆现有"文化理念"适应程度作出评价,决定

---

①曾瑛,林爱鲜,贺伟.现代图书馆文化建设[M].北京:中国戏剧出版社,2011.

图书馆文化定型时对现有"文化理念"的取舍。

二、理念的定型设计

(一)定型设计的内容

图书馆文化理念的定型设计,是在分析、总结和评价图书馆现有文化状况的基础上,充分考虑图书馆内外环境因素的影响,用确切的文字语言,把主导的图书馆价值观、道德观和行为准则等表述出来,形成固定的文化理念体系的过程。图书馆文化理念体系的定型设计大体包括以下内容:图书馆的事业领域;图书馆使命、愿景和战略目标;图书馆基本价值观;图书馆伦理道德和职业道德;图书馆精神及图书馆风尚;图书馆经营理念和经营方针;图书馆管理理念及人才观;图书馆服务理念及服务规范;馆员基本行为准则;图书馆的主打理念及文化形象定位。不同的图书馆因为规模、性质、历史、组织层次等不同,图书馆理念的内容(即条目)多寡有很大差别,条目表述方法和形式也不一样。

(二)定型设计的原则

1. 从实际出发和积极创新相结合

图书馆文化理念的定型不能脱离实际,只有使定型后的文化理念与图书馆内外环境、馆员现有的素质与心态相适应,体现图书馆的优良传统,才能被图书馆多数馆员所认同和接受,才能逐渐扎根于群体意识之中。但定型后的文化理念不是对现有文化的简单总结、归纳和凝练,而要充分考虑未来发展趋势对图书馆的影响,适合图书馆未来发展和提升管理水平的需要,进行一定的升华和创新,反映要有一定的前瞻性,从而使图书馆文化保持先进性,体现新文化的导向力、牵引力和促进作用。

2. 体现共性与创造个性相结合

图书馆文化有个性而无共性不能融于社会,有共性而无个性缺乏生命活力。图书馆文化的定型无疑应该具有鲜明的个性特征,即反映图书馆独特的文化信仰和追求。具有个性才能具有针对性和指导性。但也应注意到,在一定的社会制度经济条件和人文环境中成长的图书馆文化具有很多共性的追求,如在市场经济这个共同的大环境中就塑造出图书馆共同的创新观念、竞争观念和用户至上的观念等;社会主义制度这一大环境就塑造出图书馆强烈的社会责任感、集体主义精神和奉献意识等。因此,在创造个性的同时,注重体现共性,注重从社会文化和其他图书馆文化中吸收借鉴有益的文化成分。

3. 领导组织、专家帮助和群众参与相结合

图书馆文化理念的定型(包括提炼、概括和确定),一般由图书馆主要领导者发动,执行部门组织实施,广泛发动群众,自上而下、自下而上地反复酝酿、讨论,图书馆文化专家帮助进行提炼概括,然后经图书馆领导者和图书馆馆员共同研讨确认,再最后确定下来。图书馆文化理念的定型过程既是馆员参与讨论和决策的过程,也是馆员自我启发、自我教育及对新文化认同的过程,还是图书馆领导者、外部专家、图书馆馆员之间价值观念的沟通、融合的过程。所以,图书馆文化理念的定型设计不能由图书馆领导者个人完成,应由图书馆全体成员参与及外部专家帮助共同完成。

4. 理念概括的系统性、科学性与表现形式的多样性相结合

好的图书馆文化理念,作为图书馆生存与发展的根本指导思想体系,应该是内容完整、特色鲜明、含义明确、表述科学的;文字表达应力求严谨,有哲理,同时大气、时尚,符合潮流,对馆员和社会公众具有理性感染力和亲和力。但对图书馆文化理念的定型形式没有严格的规范,既可以像多数图书馆那样分条目概括,最后形成一个完整体系;也可以像上海图书馆那样用一种基本法的形式加以概括,概括的内容和表述方式要力求有专属性,避免与其他图书馆雷同。同时也要注意,文化理念要能延展和细化,派生出具体可操作可执行的任务、标准和规范等。

三、文化传播、推展与实践巩固

图书馆文化理念是图书馆未来发展的生命线和图书馆命运共同体的精神纽带。图书馆文化理念定型后,就要积极推展,创造条件付诸实践,并巩固下来。即把图书馆文化理念全面地体现在图书馆的一切经济活动和馆员行为之中,尤其是采取必要的手段,强化其中新的理念,使馆员在实践中进一步认同。

(一)灌输与传播

要使已定型的文化理念能够在较短的时间内得到馆员的认同并付诸实践,积极的灌输和有效的传播是必不可少的。具体措施有以下几个方面。

1.编写图书馆文化手册

图书馆文化理念定型完成后,一般要通过编制图书馆文化手册的形式固定下来。图书馆文化手册是图书馆全体馆员的精神指南,也是企业文化传播的载体和培训的教材,具有较强的稳定性。图书馆文化手册的内容主要包括图书馆主要领导人所撰写的前言、图书馆文化理念及释义、图书馆馆员的行为规范及准则、图书馆标志及含义等,也可以把体现图书馆主流文化的典型案例故事、照片、漫画等穿插其中。图书馆文化手册的设计可以多样化,但设计风格应力求高雅、精致、有品位。

2.举办文化理念导入仪式

在图书馆文化理念定型,并编成手册后,公司应举办隆重热烈的导入仪式,请全体馆员(或代表)参加,同时邀请上级领导、重要用户、专家及新闻媒体参加。颁发图书馆文化手册,并进行首次图书馆文化理念内容的发布,启动新文化传播和建设工程。

3.强化精神灌输与文化训导

图书馆主要领导人应联系实际,通过理念报告会形式向全体管理人员和一线馆员阐释图书馆理念的内在含义;图书馆宣传或培训部门应以图书馆文化手册为蓝本编写具体教案,对新馆员和在职馆员进行培训;同时,图书馆要举办各种文化讲座,争取在较短的时间内使馆员对组织理念系统产生认同,信奉公司理念。

4.开展文化演讲和传播活动

在图书馆文化理念导入以后,应适时举办员工文化演讲活动,使馆员结合工作实际和切身体会,现身说法,谈对组织理念的理解和感受,营造感人和催人向上的氛围。同时,组织文化传播,即利用企业内部刊物、网络、广播、电视、会议、宣传栏、简报以及各种社会媒体,通过新闻、广告理论文章等,广泛持续地传播图书馆文化理念,弘扬正气,创造强势文化。

5.利用或"制造"重大事件

积极利用图书馆发展或对外交往中出现的重大事件,如重大技术发明事件,管理成功事例,获奖或读者用户投诉事件,新闻报道中的表彰或批评事件,参与社会公益活动事件,等等,以这些事件为基础,有意"制造"事件的影响,利用网络或新闻媒体,大力渲染,强调某一事件的积极意义或给图书馆带来的重大损失,借以给馆员带来心理震撼和震动,使馆员产生强烈的记忆,无形之中受到教育和启发,从而接受正确的价值观和行为方式。

(二)图书馆文化的发展与实践巩固

在创造良好的文化环境的基础上,通过有效的途径,强化和固化文化理念,使先进的文化理念变成馆员可执行的规范、可模仿的范本,积极践行,由精神转化为物质。

1.积极创造适应新的图书馆文化运行的机制和条件

与图书馆管理改革和思想政治工作创新相结合,推行科学管理和民主管理,开发人力资源,加强馆员的道德、业务培训,提高馆员队伍的整体素质,创造民主和谐的文化环境,建设牢固的图书馆精神共同体。

2.利用制度、行为准则、规范等进行强化

要巩固无形的图书馆价值观念,不能单纯停留在口号上,必须寓无形于有形之中,把它渗透到图书馆的每一项规章制度政策及工作规范、标准和行为准则当中,使馆员从事每一项工作、参与每一项活动都能够感受到图书馆文化在其中的引导和约束作用。

3.以各种活动为载体,推展图书馆文化

如赋予科技攻关、岗位比赛等活动以文化主题,开展如英模报告会、读书会、经验交流会、文艺晚会、表彰会、运动会、合理化建议评奖会等文化、文娱、体育活动,让馆员潜移默化地接受新的价值观。

4.领导者以身作则,率先示范

图书馆领导者在图书馆文化建设中既要积极倡导,更要身体力行,当好表率,让馆员看到图书馆提倡什么,反对什么,以及应以什么样的规范和作风从事工作。如果领导者不去身体力行,图书馆文化在员工心目中就不会得到强化,久而久之,只能流于形式,陷入空谈,经过精心设计的先进文化理念也会成为泡影。成功的图书馆往往通过制定诸如"图书馆领导者行为准则和形象准则"等形式,规范领导者的文化行为。

5.塑造图书馆楷模,发挥榜样作用

使图书馆文化得以快速推展,必须首先使之聚焦在图书馆楷模的形象上。图书馆楷模是先进文化的集中体现者,他们的言行对周围的馆员有着很大的引导作用,塑造图书馆楷模有利于形成图书馆文化的模仿效应。

6.鼓励正确行为,建立激励机制

图书馆价值观的最终形成是一种个性心理的积累过程,这一过程需要不断地强化。当人的正确行为受到鼓励以后,这种行为才能再现,进而成为习惯稳定下来,并逐渐渗透到人们的深层观念之中。不仅如此,对先进人物以及正确的行为进行鼓励,也给其他人树立了实际的仿效榜样,从而产生模仿效应。因此,对符合图书馆价值标准的行为不断地给予鼓励和激励,如表扬、奖励、授予荣誉称号、晋升职务等,是巩固图书馆文化不可或缺的重要一环。

四、文化的完善与创新

图书馆文化在实践中得到推展和巩固以后,尽管其核心的和有特色的内容不易改变,但随着图书馆经营管理实践的发展、内外环境的改变,图书馆文化还是需要不断充实、完善和发展的。图书馆领导者要依靠群众,积极推进图书馆文化建设,及时吸收社会文化和外来文化中的精华,剔除本图书馆文化中沉淀的消极成分,不断对现有文化进行提炼、升华和提高,从而更好地适应图书馆变革与发展的需要。

图书馆文化的完善与创新寓于图书馆的管理活动之中,每一个读者用户的投诉、管理过程中失误、一次严重安全事故、馆员提出的一条尖锐的批评意见等,都是图书馆的例外事件,都会使人们的心灵受到某种冲击,自觉不自觉地审视和检验图书馆的文化理念,尤其是图书馆所奉行的价值观、经营理念、管理理念和服务理念,如果发现图书馆文化理念的某些内容已经落伍,不适应图书馆发展的需要,就会产生完善、变革图书馆文化的意愿和冲动。图书馆适时地通过组织图书馆文化研究会进行研讨交流,组织馆员献计献策、开展合理化建议活动等,就可以接收到来自各个方面的新思维新思想、新观点、新建议,从而促进图书馆对原有的文化进行完善和变革,修改原有文化理念的表述,推动文化的创新。

图书馆文化的完善提高,既是图书馆文化建设一个过程的结束,又是下一个过程的开始,是一个承上启下的阶段。图书馆文化建设与图书馆文化的演变规律相适应,是一个不断积累、传播、冲突、选择、整合和变革的过程。图书馆文化建设不是经过一两次循环就能完成的,是没有止境的。但需要说明的是,一种积极的图书馆文化体系和模式一旦塑造完成以后,就会在一个较长的时期内发挥作用。图书馆文化建设的任务在更多的情况下是积极地积累、传播、充实、完善,只有当图书馆内外环境发生了急剧变化,图书馆文化产生了激烈冲突,需要选择、整合和变迁的时候,图书馆文化建设的任务才是对原有文化实行彻底的扬弃,从而实现文化的全面创新。

第三节　图书馆文化建设的支持体系

图书馆文化建设的保证体系,是指图书馆以保持和发展优良图书馆文化为目标,运用系统观点,坚持以人为中心,优化图书馆内外环境,构建强化与固化图书馆文化的有效机制。图书馆文化不仅需要构塑成形,更需要巩固和发扬,即使其转化为物质力量,转化为凝聚力和现实生产力。因此,建设一种积极、健康、向上的图书馆文化,必须从物质、组织、制度、教育、礼仪等方面采取相应的保证性措施,以便巩固它、强化它,使优良的图书馆文化渗透到全体馆员的心里,融合到图书馆的经营管理中去。

一、物质保证

图书馆文化的物质保证,是指通过改善图书馆的物质基础和生活条件,扩大生产经营成果,完善图书馆的文化设施,来物化图书馆的价值观,以增强图书馆的凝聚力和馆员的归属感。这是图书馆文化保证体系中的"硬件",是基础保证。为了把图书馆文化建设落到实处,图书馆必须建设好图书馆的工作环境工程、福利环境工程和文化环境工程。

(一)工作环境工程

图书馆工作管理的物质条件(如馆舍、设施、机器设备等)和信息产品,既是图书馆文化赖以形成和发展的基础和土壤,也是图书馆精神文化的物质体现和外在表现。建设图书馆生产环境工程,就是要逐步改善图书馆工作管理的物质条件,提供优质服务,生产出最优秀的信息产品。图书馆文化的发展水平同生产环境工程建设的优劣成正比。建设图书馆生产环境工程的重点是推进技术创新与技术改造:一是要通过自主开发和引进、嫁接的形式积极推动技术进步和设备的更新改造,提高设备的性能和效率;二是优化工作流程,减少劳动消耗,提高工作效率和服务质量;三是加速产品的更新换代;四是在资源相对稀缺的情况下,通过加入联盟等方法,共享信息资源,提高信息利用率;五是要加强馆舍、水、暖气等公用工程的改造和环保设施设备的建设,适应环境保护技术安全的要求,体现图书馆物质基础的文化风格。

(二)福利环境工程

图书馆福利环境工程建设是图书馆为满足馆员的基本生产生活需要而进行的非生产性投资建设。建设图书馆福利环境工程,就是要逐步改善图书馆的生产和生活条件,为馆员的工作和生活提供一个安全稳定、丰富多彩的环境,满足馆员的物质文化生活的需要。图书馆福利环境工程建设得好,使馆员亲身感受到图书馆有靠头、有盼头、有奔头,才能强化馆员的归属感,激发广大馆员的工作热情。

(三)文化环境工程

图书馆文化环境,主要是指图书馆的各种文化设施和文化展示等,是图书馆文化建设的物质载体和外在标志。文化环境工程建设的主要内容包括以下几个方面。

第一,建设和完善文化设施,即建设和完善包括教育、科技、文艺、新闻体育、图书等方面的设备和设施,如健身房、娱乐室等。图书馆文化设施建设受到图书馆所处地理环境、图书馆规模、经济实力的影响。图书馆文化设施的投入,其"产出"只是馆员活跃的精神文化生活,不会直接给图书馆带来经济效益,因此容易被忽视,尤其是当图书馆资金紧张的时候更容易削减在文化设施上的投入。为此,图书馆领导者应端正认识,明确精神变物质、文化力可以促进生产力的基本道理,加大投入,尽力把文化设施建设好,以满足馆员日益提高的精神文化需求。

第二,营造文化环境,即把文化理念注入环境。如把抽象的文化信条警句"装饰"在环境中,使人们耳濡目染,强化记忆与理解;在图书馆书库、走廊、楼梯等场所悬挂图书馆文化的标语;设立图书馆文化的景观,如雕塑、壁画;使用传达图书馆文化信息的 VI 系统;赋予建筑设计以文化内涵或对建筑进行文化诠释;设立图书馆荣誉室;等等。通过这些措施,使人置身于一个有明确的文化提示或暗示,能强化人们记忆,引起人们思考的文化环境之中,既有利于人们对文化的认同,并引以为豪,也有利于发挥图书馆文化的约束、引导和激励作用。

二、组织制度保证

组织制度是文化理念的重要载体。图书馆文化的组织制度保证,是指通过建立和完善图书馆的体制、组织制度、管理制度、责任制度、民主制度等,使图书馆所倡导的价值观念和行为方式规范化制度化,使馆员的行为更趋向合理化、科学化,从而保证图书馆文化的形成和巩固。组织制度保证在图书馆文化建设初期是关键性保证措施。图书馆文化的建设在各个方面,如图书馆目标的实现、图书馆价值观的形成、图书馆精神的发扬、图书馆风尚的保持等,都离不开图书馆组织制度的保障。

(一)法人治理结构及管理组织结构

图书馆作为公益性事业单位,建立法人治理结构就是要根据决策权力机构、管理执行机构、监督约束机构相互分离、相互制衡和精干高效原则,建立图书馆的理事会、管理层、职工大会和社会监督机构分权制衡的组织架构,明确图书馆各个利益相关者的权利、义务和责任,构建以公益目标为导向、内部激励机制完善、外部监管制度健全的规范合理的治理结构和运行机制,为社会提供优质高效的文化服务。因此,建立法人治理结构也是图书馆文化建设的组织保证[①]。

通过建立和完善法人治理结构,图书馆现行管理体制将发生重大变化,主要表现为:在决策主体方面,由主管部门变为理事会,真正实现自主管理;在决策方式方面,由领导决策变为理事会决策,可以集思广益,使决策变得更加科学合理;在监督体系方面,由以行政监督为主变为多渠道、多层次监督,增加管理的透明度。这些改变,意味着图书馆将改变过去的行政化管理模式,将所有权与经营权适度分离,推进其由行政管理向法治模式转变,实现依法管理、独立治理,最终形成独立运作、自我发展、自我约束、自我管理的现代法人治理模式。

在新的图书馆组织架构中,图书馆党组织除了继续做好自身的建设外,依照法定程序,通过担任行政工作发挥政治核心作用;馆员或通过参加理事会、管理层或通过参加职工代表大会的形式,参与图书馆管理。这种新图书馆组织架构,适应市场经济发展的需要,有利于新时期的图书馆文化建设。

图书馆管理组织结构就像一架机器,设计合理、"部件"齐全、动力强劲,运转效率就高;否则,就不会产生较高的效率。尤其是图书馆组织机构作为图书馆文化建设的实际推动者和操作者,它的功能发挥得如何,将会直接影响图书馆文化建设的成效,因此要设置有效的管理组织结构。

另外还需设置强有力的图书馆文化领导和推进机构。根据中国多数图书馆文化建设的经验,应建立一个由图书馆主要领导人,如党委书记或理事长挂帅的领导机构——图书馆文化领导小组或图书馆文化建设委员会。职责是确定图书馆文化的发展方向和文化理念系统,制定与图书馆经营战略相适应的图书馆文化发展战略(或规划),决策图书馆文化建设过程中的重大问题,推进图书馆文化的全面创新与变革。

[①]张雨峰. 图书馆文化建设研究[D]. 哈尔滨:黑龙江大学,2016.

(二)机器设备管理制度和工作管理制度

第一,没有规矩,不成方圆。建立图书馆机器设备管理制度和工作管理制度,既是管理工作的秩序和工作质量与效率的保证,也是图书馆文化建设的重要保证措施。尤其是在文化较弱,即文化未成为引导馆员行为的主导力量时,这些制度(也包括岗位责任制度)是载体,对文化起强化作用。当然,当一个图书馆的文化较强时,这些制度慢慢变为形式。一个具有积极的强文化的图书馆可能实际起作用的制度越来越少,制度多少不是衡量图书馆管理优劣的唯一标志。

第二,机器设备管理制度。它是进行图书馆工作的物质条件,如《计算机设备使用维护制度》《网络管理制度》《数据安全及备份管理制度》等。其数量和性能,决定着图书馆的工作面貌,因此,管好用好机器设备和系统,使机器设备和系统经常处于完好状态,延长其使用寿命,是图书馆管理工作的一项重要内容。设备管理好坏,系统能否正常运行,对工作的质量、效率以及安全等具有极其重要的作用。

第三,工作管理制度。它是指按照图书馆经营管理规律的要求,对各项管理工作的范围、内容、程序和方法等所作的规定,是指导馆员从事各项工作的规范和准则。图书馆的主要管理制度有:信息资源管理、读者用户管理、物流管理、财务管理、人力资源管理、行政管理和生活福利事业管理等制度。建立一套科学的管理制度,可使管理人员和一线馆员有章可循,使图书馆的各个职能部门分工明确,职责清楚,相互协作。

第四,制定管理制度要考虑国际相关规定。在新的形势下,图书馆制度建设不仅要考虑到本馆的实际情况和本国的具体国情,还需要认真研究有关的国际惯例和规则,在知识产权保护和打击盗版等方面力争和国际接轨。一方面要在现有允许的范围内把"世界的"变成"自己的",扩大图书馆的收藏范围,提高影响力;另一方面,还要注意遵守国际游戏规则,从制度上避免那种随意的"非理性"因素带来的麻烦和纠纷。

（三）岗位责任制度

图书馆岗位责任制（简称"责任制"）是借鉴企业管理的理论和经验，科学地进行图书馆的劳动组织，通过定员、定责、定额把图书馆总体目标和各项任务落实到每个岗位上。它是一项基础性制度，实行责任制是把权限和责任统一起来，保证各项工作的基本要求和工作人员的行为规范。岗位职责是督促、检查、考核工作人员工作的必要前提和依据，要根据其履职情况和行为对他们实行续聘、奖励、提升。以此充分调动馆员的积极性，保证图书馆各项工作任务的完成，使图书馆所倡导的价值观得以体现和贯彻。

岗位责任制包括图书馆馆长岗位职责、馆务办公室岗位职责、采编部岗位职责、期刊部岗位职责、流通部岗位职责、信息参考咨询部岗位职责、电子阅览室岗位职责、值班室岗位职责、信息技术部岗位职责等。这些制度的基本点就是要把日常工作中的各项工作具体落实到每一个工作岗位。各级各类人员的岗位责任制都可以通过制定规范的"职务说明书"的办法加以落实。

（四）民主制度

在图书馆中实行民主管理，切实保障馆员参与管理的地位和权利，是图书馆管理的优良传统。加强图书馆民主制度建设，本身就是为培育图书馆文化创造条件和环境。图书馆要建立自己的文化模式，不仅需要让馆员充分认识到建设这种文化的重要意义，而且要让他们真正感到自己就是图书馆文化的建设者，这样他们才有可能积极地参与图书馆文化的开发与建设。优秀的图书馆文化必然是"以人为中心"的文化，如果不重视馆员的民主权利及民主制度建设，图书馆文化建设就缺乏内在驱动力。

图书馆民主制度建设，除了在国家图书馆中继续以职工代表大会的形式，在其他图书馆中通过参加理事会等形式吸收馆员参加管理外,还可以加强各类民主小组的建设,开展技术革新、岗位练兵,提合理化建议等活动;通过 QQ、微信、微博等网络形式建立对话制度等来保证馆员的民主权利。另外,积极推进民主评议领导干部,发挥对干部的监督、促进作用也是一条民主制度建设重要途径。加强图书馆民主制度建设应注重把馆员的民主权利落实在本职岗位上。一般说来,在现代图书馆中,让每个馆员都直接参与每项重大决策是有困难的,但创造条件让每个馆员做本岗位的主人,在岗位上充分发挥其才能,则是可以做到的。应该说,让馆员在本岗位上自主管理、发挥创造性,也是民主制度建设的重要内容。

三、教育保证

图书馆文化的教育保证,是指通过各种培训手段,提高馆员的素质(包括政治素质、道德修养、文化水平和业务技术水平等),启发馆员的觉悟,开发馆员的潜能,使之能够成为承载和建设图书馆文化的主力军。馆员的素质与图书馆文化的层次成正比,很难想象,在一个整体素质极其低下的馆员群体中能够孕育或承载高品位的图书馆文化。因此,发展图书馆文化必须有良好的教育保证体系,始终把做好馆员培训、提高馆员素质作为图书馆的一项战略任务。

图书馆组织人员培训时按对象划分,包括领导人员培训、专业技术人员和管理人员培训、一线馆员培训三个层次。对领导人员的培训,重点是战略思维、政治思想水平、政策水平、领导能力、创新能力和相关专业能力等,通过培训,提高他们的职业素质与能力,成为经营管理的专家和内行,成为优秀图书馆文化的主导力量;专业技术人员和管理人员的培训主要是使他们掌握科学技术和现代管理知识,提高专业水平和科学文化素养,提高专业技术和实际管理水平,同时掌握图书馆领导者所倡导的图书馆文化的精髓,提高主动实践、传播、建设图书馆文化的自觉性和实际能力;一线馆员的培训目的是使他们树立职业理想,坚守职业道德,遵守职业纪律,掌握职业技能,促使他们实现自我价值、奉献图书馆,成为创造、实践、传播图书馆文化的重要力量。

四、礼仪保证

图书馆文化礼仪是指图书馆在长期的文化活动中所形成的交往行为模式、交往规范性礼节和固定的典礼仪式,礼仪是文化的展示形式,更是重要的固化形式。正像军队礼仪对军人的约束一样,图书馆文化礼仪规定了在特定文化场合图书馆成员所必须遵守的行为规范、语言规范、着装规范,若有悖礼节,便被视为不符合规范的行为。图书馆文化礼仪根据不同的文化活动内容具体规定了活动的规格、规模、场合程序和气氛。这种礼仪往往有固定的周期性。不同图书馆的礼仪,体现了不同图书馆文化的个性及传统。

图书馆文化礼仪在图书馆文化建设中的保障作用主要表现:一是使图书馆理性上的价值观转化为对其成员行为的约束力量。文化礼仪是价值观的具体外显形式,通过规范文化礼仪,实际上也就使人们潜移默化地接受和认同图书馆价值观,文化礼仪客观上成为指导图书馆各项活动的行为准则。二是图书馆文化礼仪是文化传播最现实的形式。通过文化礼仪,使难解、难悟的价值体系、管理哲学等显得通俗易懂,易于理解和接受;同时,由于图书馆文化礼仪或隆重,或生动、活跃,具有庄严性或趣味性,其中所包含的文化特质更易于在图书馆全体成员之间进行广泛传播。三是图书馆文化礼仪是图书馆成员的情感体验和人格体验的最佳形式。在图书馆各类文化礼仪中,每个图书馆成员都具有一定角色,能够身临其境,受到礼仪活动现场气氛的感染,经历情感体验,产生新的态度。图书馆文化礼仪在实践中不断得到补充、丰富和创新。

第四节 图书馆文化建设的保障体系

一、图书馆文化建设的保障策略

图书馆文化建设是一项复杂而艰巨的系统工程,需要图书馆主体文化有意识、有目的、有组织地进行长期的总结、提炼、倡导和强化,需要坚持不懈的努力和追求才能实现。我们必须有战略性的指导,有明确的努力方向。各个图书馆文化形成的过程都不尽相同,没有固定的策略可循,但我们可以概括出一些共同的特征。

(一)树立图书馆的核心价值观

树立为读者服务的图书馆价值观。图书馆价值观是指图书馆及全体馆员所共同拥有的指导图书馆工作的群体意识,是人们对客观事物价值的判断,是对客观事物的是非、优劣、主次、正误以及可行不可行等的价值认识。

价值观在图书馆文化体系中处于核心地位,是图书馆文化的精髓,它从意识形态深层对图书馆发展产生影响,对于增强图书馆的凝聚力和竞争力至关重要,是图书馆生存和发展的指南。因此,建立一个良好的,能够让馆员都认同的价值观,对图书馆文化非常重要。图书馆要根据它的性质、类型、社会职能、历史特点、服务宗旨、奋斗目标等确立科学、正确、与时俱进的价值观。不同图书馆的价值观可能不尽相同,但一切为了读者、服务奉献、资源共享、以人为本等理念应成为现代图书馆的核心价值观的内容。图书馆作为信息服务机构,其基本职责是为读者提供满意的信息产品和服务,经营管理好图书馆,使图书馆资源得到最佳配置和组合,深化服务内容,使其产出效益最大化。因此,为读者服务是图书馆价值观的核心。

（二）培育和提升图书馆精神

图书馆精神是图书馆在发展过程中为实现图书馆的价值体系和社会责任而为用户提供信息服务的过程中所形成的一种群体意识。图书馆精神是图书馆文化的核心和灵魂，是图书馆生存发展的精神支柱和根本动力源泉，对图书馆馆员具有强大的凝聚力和感召力。因此，现代图书馆文化建设，必须重视培育和提升图书馆精神。

图书馆精神是经过较长时间自觉培养而形成的，在培育图书馆精神时，要注意几个指导原则：其一，时代性原则。图书馆精神是一个符合时代精神的内容丰富的体系，它的形成，是受时代精神制约的。它是否能够促进图书馆的发展是检验它是否具有时代性的标准。其二，实践性原则。图书馆精神的提炼，必须是从实践中来，通过实践、认识、再实践、再认识的过程，才能使之更加完善。其三，群众性原则。图书馆精神凝聚着群众意识。它是馆员在群体意识的支配下，把图书馆看成一个命运共同体，注重图书馆的整体利益与个体成员对群体的归属感和忠诚等思想的集中体现。因此，培育图书馆精神，需要馆员广泛而热情的参与。其四，科学性原则。在培育图书馆精神时，要根据本单位的实际，科学对待，决不能任意拔高或草率从事。

（三）强化馆员的团队意识

图书馆精神确立后，为了强化馆员的团队意识，还必须通过各种途径，使图书馆精神深入人心。为了加强馆员的团队意识，要确定图书馆服务的目标与方针，明确图书馆每个成员为实现目标应遵循的行为准则和权利、义务；同时，要加强民主管理，鼓励馆员参与图书馆的管理、决策和活动，从各方面增强馆员的主人翁意识。明确图书馆馆员作为图书馆的管理者绝不能仅仅着眼于自身的自我设计、自我完善、自我发展，它应该着眼于社会的、图书馆的物质环境和精神环境，促进社会和图书馆的物质文化与精神文化的持续发展，为自身的不断发展创造更加优越的社会条件和更加广阔的前景。

（四）建立合理的规章制度

建立合理的规章制度是协调图书馆工作,规范图书馆活动及馆员行为,提高图书馆服务效率的重要保证,也是协调图书馆群体内外关系和调动各方面积极性的有效措施,是图书馆制度层文化建设的重要内容。

（五）规范图书馆管理者自身的行为

领导是图书馆的核心,图书馆领导人的德才学识,关系到图书馆的成败。图书馆管理者的言行会对图书馆馆员产生强大的示范效应,从而影响图书馆的文化建设。因此,成功的领导人应全身心投入事业,其无私奉献精神和对图书馆的挚爱,会使馆员受到强烈的感染,使整个图书馆充满朝气。

管理者不仅应该对他的部属有更多的认识和了解,发挥每个馆员各自的优势,为图书馆创造价值,而且在工作、生活中,应当尽量避免误解和摩擦,达到更好地合作和共处的目的。同时,管理者还应该努力地剖析自我、认识自我,以求使自己不断完善,使自己的管理水平和管理技巧不断地跨上新台阶。

（六）建立利益共同体

人们对物质生活的需求是基本需求,因而对一般馆员来说,利益驱动仍是最重要的动力。一个成功的图书馆,它的图书馆文化是图书馆全体馆员共同利益和意志在文化层面上的体现,它必须依靠图书馆全体馆员的共同价值观和共同行为来实现。因此,必须建立新型的代表图书馆全体馆员利益的共同体,使广大馆员能够与图书馆同呼吸、共命运。

建立图书馆利益共同体的关键环节在于建立合理的内部分配制度,理顺管理者与馆员之间的利益关系。在同等条件下,不患寡而患不均;在不同条件下,不患寡而患不公;同时,要建立馆员民主管理机制,让馆员参与图书馆管理是建立图书馆利益共同体的有力保证①。

(七)塑造良好的图书馆形象

图书馆形象是广大读者和图书馆馆员对图书馆的总体印象和整体评价。图书馆形象是图书馆文化的外显,其本质是图书馆信誉,图书馆信誉是由信息产品信誉、服务信誉和经营信誉构成。图书馆形象对外体现着图书馆的地位和声誉,对内具有激励馆员的作用。图书馆的地位、声誉、知名度高,馆员也感到自信和骄傲,从而更加爱护图书馆的形象,增强馆员的向心力和凝聚力。因此,要努力塑造良好的图书馆形象。

图书馆形象的塑造要求全体图书馆工作人员在图书馆工作的各个方面同心协力,努力奋斗,不断进取。图书馆在形象塑造的过程中,首先,以图书馆价值观、职业道德、精神为指导。图书馆形象是图书馆价值观、职业道德、精神的外在表现,而图书馆价值观、职业道德、精神是图书馆形象的精髓和灵魂,对图书馆形象起着决定性作用,良好的图书馆形象既要充分传达图书馆的价值观等内容,又要充分体现图书馆的人文特色和服务宗旨。其次,做好服务。做好服务是树立良好的图书馆形象的基础和关键。只有为读者提供优质、便捷、高效、人性化的服务,才能提高图书馆的知名度、信誉度,赢得读者的认同。

二、人文关怀是图书馆文化的灵魂

(一)建立以人为本的图书馆管理文化

图书馆要建立以人为本的图书馆管理文化。以人为本,以人为中心,对象包括馆员和读者。人本管理突出人在管理中的地位,实现以人为中心的管理。

(二)人文关怀在馆员方面的体现

现代管理理念的核心要素就是人性化的管理。人是图书馆管理

---

① 张贺南. 试论图书馆文化建设的保障体系[J]. 科技情报开发与经济,2014,24(16):108-110.

的活力资源,通过人性化管理可以在潜移默化中提高人的素质,调动人的积极性和创造性,调动人所蕴藏的潜能,充分发挥图书馆的效能。可以说,管理文化的本质在于激励。图书馆应该实施馆员工作满意战略,不断培养和引进优秀人才,把"以人为本"的管理理念落到实处。因此,图书馆文化建设要与人力资源管理密切结合,充分尊重个人价值的实现,增进人性化管理,以激励馆员积极向上,凝聚巨大的群体向心力。

总而言之,在对图书馆馆员的管理上,图书馆文化积极倡导"以人为本",实行人性化的管理理念。倡导尊重人、爱护人、理解人、关心人,形成以诚为本、以诚相待、相互信任的密切而愉快的人际关系,建立起和谐、奋进、具有凝聚力的氛围,使馆员乐业、敬业,热情为读者服务,进而创造出良好的服务环境和服务效益,展示出图书馆的精神风貌及先进的文化理念。

(三)人文关怀在读者服务方面的体现

人文关怀是图书馆文化的核心理念。人文精神的实质就是珍视人的生命和自由,尊重人的价值与尊严,坚持人是社会发展的目标。在图书馆服务中充分体现关爱、平等、宽容和专业是非常重要的。在图书馆里,标识要体现人文关怀,服务方式要现代化、便捷化、亲情化。有纸与数字相结合,读者与馆员相协调,物质与精神相统一,创造一个轻松自然、舒畅惬意、文明和谐、书香飘飘的读书环境,可以令读者置身其中,既享受了知识的教育,又能领略到那种高雅脱俗的文化氛围。

(四)图书馆文化的社会作用

文化塑造人,文化影响人。人类社会中的每一个人,从生到死都生活在一定的文化环境中,随时接受周围人文环境的影响,社会透过文化将社会的道德观、价值准则经过内化形成人格的重要组成部分,每个人都在一定的文化圈生活,接受教育,学会怎样做人,这就是文化塑造人的过程。图书馆是社会的窗口,是一个国家文明程度的标志,图书馆文化以其特有的人文精神,展示一种高尚的精神文明,使人们在物欲横流的大千世界中找到一个充满人文关怀的精神家园,它把人文关怀送到每位读者的心里,从而促进社会融合,提升我们的生活质量,使我们的社会更和谐,生活更美好。

第五节　图书馆文化建设评价机制体系

作为对事物发展过程和结果的有效控制和反馈,评价属于管理基本流程中不可缺少的关键一环。同样,图书馆文化建设评价工作也是贯穿于图书馆文化建设全过程的一项基本工作,对整个图书馆文化建设工作有着重要的意义。

一、图书馆文化建设评价的内容

我们将图书馆文化建设评价的内容划分为如下三个部分。

(一)对图书馆文化建设工作的评价

从图书馆文化与组织发展的角度而言,图书馆文化建设工作评价,实质是对图书馆文化管理过程、手段、方法的评价,属于过程评价,是图书馆文化建设的重要组成部分。主要包括指导思想、基本理论、主要内容、核心方法、关键技术和整体流程等的评价。

1.对图书馆文化建设工作指导思想的评价

指导思想的评价主要评价图书馆文化建设的指导思想、目的与意义、基本原则和方针策略等内容的科学性、先进性、实效性和务实性。在实际工作中,一些组织的图书馆文化建设指导思想没有着眼于图书馆文化建设的实际情况,过于空泛,缺乏实际指导作用。

2.对图书馆文化建设工作所依据的理论基础的评价

理论基础的评价主要评价图书馆文化建设所依据的原理、方法,技术工具的先进性、有效性、科学性。图书馆文化建设是讲规律、讲科学的工作,所以其理论方法的科学性直接关系到工作的成效问题。

3.对图书馆文化建设工作主要内容的评价

主要内容的评价主要评价图书馆文化建设工作内容的重点安排,一般包括对组织理念文化体系建设的评价,主要涉及理念体系建设准备工作的充分性,资料的丰富和翔实程度,过程的严谨性,方法和技术的科学性,领导与馆员参与的程度,等等;对组织制度文化体系建设的评价,主要涉及组织制度制定过程执行与监督、修订中馆员的参与程度,以及制度修订机制建设情况和修订计划的执行情况,等等;对组织行为文化体系建设的评价,主要涉及对馆员个人岗位行为和公共行为的整理、规范、培训与引导等状况;对组织物质文化体系建设的评价,主要涉及组织物质文化建设的规范性、有效性、创新性、科学性等内容。

4.对图书馆文化建设工作方法的评价

对图书馆文化建设工作方法的评价,主要涉及图书馆文化建设载体的有效性、丰富性,组织文化建设措施的有效性,图书馆文化建设的案例和数据的连贯性和准确性。具体可包括对图书馆文化手册的评价、对图书馆文化培训课程的评价、对图书馆文化活动的评价等。

5.对图书馆文化建设工作队伍的评价

图书馆文化建设队伍是关系到图书馆文化建设成效的基础,没有一支高素质的专业队伍,图书馆文化建设的目的就难以实现。对图书馆文化建设队伍的评价主要包括对队伍的专业水平、工作制度、资源投入等的评价。

(二)对图书馆文化建设主体内容的评价

一般而言,图书馆文化可以划分为4个层次,包括组织理念文化体系、制度文化体系、行为文化体系和物质文化体系。一方面,需要对图书馆文化整体结构的完善程度、系统性和一致性等进行全面评价;另

一方面也需要对各个层次进行分项评价①。

1.对理念文化进行评价

首先要重点评价理念的科学性,即理念的理论和实践的基础及其科学合理程度;其次要评价理念的功能性,即理念体系的针对性和实效性;最后要评价理念体系结构的系统性,即理念内容是否有缺失或重复。

2.对制度文化进行评价

一方面要评价制度对理念的承接程度;另一方面要评价制度与理念文化的一致性和协调性。重点包括组织制度、组织结构、人力资源制度、财务制度、工作管理制度、质量管理制度、行政管理制度等。

3.对行为文化进行评价

重点评价组织中的个人行为和法人行为体现文化理念的程度,以及行为文化与理念文化及制度文化的一致性。组织法人行为主要包括决策行为、投资行为等。个人行为包括个人岗位行为和公共行为等。

4.对物质文化进行评价

物质文化主要包括组织 VI 手册、组织工作环境、馆舍或办公区域、设备、标牌、着装等。

(三)对图书馆文化建设的成效进行评价

对图书馆文化建设的成效进行评价主要应包括:对组织新文化宣贯的效果进行评价;对组织经营管理水平提升和业绩提升的评价。

1.对组织新文化宣贯的效果进行评价

图书馆文化形成的心理过程。文化形成是"这样的观念和规则"为组织馆员普遍领悟并最终产生自觉行为的过程。这一过程大致可分为三步走,即熟悉、认知与认同。文化是一个逐渐觉悟的过程,是循序渐进的。

①贺艳菊.高校图书馆文化建设水平评价指标体系研究[J].兰台世界,2018(01):105-108.

熟悉"这样的"一种文化。组织可通过一整套文化信息传播网络，如内刊、电视台、内部网、BBS标语、制度文本、培训等多种方式，让馆员接触到这些新文化的信息，感受到文化是"这样的"，从而逐步了解、熟悉组织的文化语言符号、方式、过程、观念和规则。

认知"这样的"一种文化。熟悉是认知的基础和前提。认知"这样的"一种文化，即让馆员了解为什么必须有这样的一种文化，是对"这样的"一种文化的领悟。领悟不仅意味着对信息的大量记忆、了解，而且意味着对文化理念和价值观的理解和深刻把握，馆员从接触的大量信息中真正悟出了文化的真谛。

认同"这样的"一种文化。认知是认同的基础和前提。认同"这样的"一种文化，即馆员已经对这样的文化有了自觉，这样的文化已内化为自我的一部分。馆员不但认识到文化的意义和重要作用，领悟到文化的精髓，而且对文化有了情感体验，对它形成了积极的态度，愿意按照文化的指引行动。当文化成为普遍自觉，图书馆文化的导入就真正完成了。

综上所述，图书馆文化的形成首先要使馆员达成普遍共识，即熟悉组织所倡导的文化，并能够认知新文化的意义所在；其次，在达成共识的基础上，还要进一步认同组织的文化主张，自觉按照新文化的要求行事。

2.对组织工作管理水平提升和业绩提升的评价

图书馆文化无时无刻不在影响着组织的发展，因此需要将图书馆文化对组织价值创造促进或阻碍的影响纳入评价内容。具体如图书馆文化对技术研发、服务管理，对组织决策执行、监督、反馈等管理流程的干预和影响效果等。对图书馆文化建设成效的评价应该是整个评价体系中的重要内容，这是由图书馆文化建设和图书馆文化建设评价的最终目的所决定的。

二、图书馆文化建设评价体系

图书馆文化评价是一项十分复杂的带有研究性的工作,涉及评价标准的确定,评价方法的选择以及评价指标体系的建立等。

(一)评价标准

从根本上讲,评价图书馆文化优劣的标准很简单,就是看图书馆文化与图书馆所从事的事业及市场环境是否相适应,是否有助于形成图书馆的竞争力,是否有助于推动图书馆的长远发展。但具体言之,评价一个图书馆的文化优劣,要看图书馆文化的引导、教化、维系、激励四个方面,发挥得是否正常。

1. 引导

图书馆文化无形中发挥着引导作用,引导图书馆的行为,引导馆员的行为。优秀的图书馆文化在人们心目中是一座灯塔,照亮着人们前进的方向,把人们引向光明之途。当图书馆制定一项营销决策时,它会提示决策人不能为一时的销售盈利而丧失图书馆的商誉,应处理好图书馆利益与消费利益的关系,处理好眼前利益与长远利益的关系;当图书馆推出一项新的分配制度时,它也会告诫管理者,分配制度的精神不在于惩罚,而在于正面激励;当馆员早晨走上工作岗位,它会引导人们以高度的责任感和专业精神做好每一件事,从中寻求到创造和奉献的乐趣。

2. 教化

一个图书馆的文化是否有成效,首先要看它能不能提供对图书馆从上到下各种角色的教化与训练。图书馆文化之教化,往往不只是能提供一个图书馆业务经营正常运转的职业训练和角色训导,即不是一种纯粹的职业技能、技术、操作、素质训练,也不是社会常规的道德教育,而且能造就特有的"图书馆人"。健康、完美的图书馆文化,反映着图书馆独特的看问题的视角、独特的价值观、思维方式、传统和行为方式,给人以责任感、正义感,使人能够区分善恶美丑、是非曲直,引导馆员做人以诚相待,做事讲信誉,公私应分明,工作应进取,对"图书馆人"起着全方位的正面教化作用。评价一种图书馆文化优劣,只要看其教化作用的方向以及发挥作用的大小,便能得出较为准确的评价。

3.维系

维系图书馆共同体存续的核心和基本力量是图书馆文化。图书馆文化维系作用发挥得如何,主要通过以下几个方面得到检验:一是企业能否提供一种物质诱因(或物质刺激)与馆员贡献相平衡的机制,图书馆在困难时期馆员牺牲报酬,而在景气时期分享收益。二是图书馆能否提供职业安全保障机制,满足职业安全感的需要。三是图书馆能否创造一种团体认同感,使员工有归属感,形成一种对共同事业的认同和团体凝聚力。四是图书馆能否通过创造一种成就感、机会均等感,让馆员看到有实现理想的可能。五是图书馆能否通过对馆员自我价值与图书馆经营目标的协调,使馆员找到二者的最佳结合点和最大的发展空间。

4.激励

图书馆文化的激励作用,也就是图书馆文化对文化行为主体能够产生激发、动员、鼓动、推进作用。激励的结果往往具有某种放大效应。事实上,能够满足图书馆馆员各个层次需要的图书馆文化,在其发挥维系作用的同时,又具有激励作用。一种优秀文化,给人以明确的目标和高度的自主权,在图书馆主导价值观念的引导下,鼓励人们坚持个性,不断创新,为人们提供崭露头角的广阔天地;一种优秀文化,为每一个人提供一种积极向上的价值动力,鼓励每一个人恪尽职守,超越自我,创造佳绩。因此,从图书馆文化对组织成员是否具有激励作用和激励作用大小,可以对图书馆文化的优劣程度作出一个大体的评价。

(二)评价指标体系与评价模型的建立

近几年来,国内有关图书馆文化评价指标及模型的研究十分活跃。北京大学光华管理学院因循国外图书馆文化量化研究的思路,根据案例实证分析的结果,确定了由七个维度组成的测评量表:即人际和谐、公平奖惩、规范整合、社会责任、顾客导向、勇于创新、关心馆员成长,这一量表有一定的价值。清华大学经济管理学院图书馆文化测评项目科研组,在对中外图书馆文化的量化管理进行了较为系统的研究的基础上,提出了由八个维度40多道测试题组成的测评量表,分别为:客户导向、长期导向、结果导向、行动导向、控制导向、创新导向、和谐导向和馆员导向,这一量表较为详细,能较为准确地测量出图书馆文化的优势所在。

中国图书馆文化测评中心的"中国图书馆文化综合测量系统"是在吸收了国外成熟的图书馆文化量化研究和国内著名商学院的研究成果的基础上,经过数百家中国图书馆的实践检验后建立的。分别由图书馆文化类型、图书馆文化核心价值观和图书馆文化环境等部分评价组成,分别从组织和馆员个人的角度,测评出图书馆文化状况及运动方向和规律,使用效果较好。应该说,图书馆文化评价指标体系的研究具有重大意义,指标体系科学,评价标准和评价方法也就会进入科学化轨道,长期困扰理论界的图书馆文化的量化问题就会有重大突破。图书馆文化评价指标体系具有很大的研究潜力,其实用化和市场化的前景无疑也是广阔的。

第三章　现代图书馆文化的传播与推进

第一节　现代图书馆文化传播的内容

一、图书馆文化传播

文化传播是一种文化中的文化元素从其发源地扩散到不同地方而被模仿、采借和接受的社会现象与过程。其方式有两种：一是直接的采借，把外来的文化元素直接接纳过来；另一种是间接传播，即一种文化元素传入一个地区，引起那里人们的思考，由此引发传入地人们创造另一种新的文化。文化传播的媒介主要是人的迁移和流动，尤其以人群的迁移更为重要。

文化本身是一种历史和社会的现象，图书馆文化就是由图书馆学家、图书馆工作者及其读者所共同创造的一种图书馆物质形态和精神形态的总和。具体来说，它包括图书馆建筑和环境、图书馆学理论和服务、图书馆馆员的价值观念及其读者所形成的一种特有的社会关系。图书馆文化传播即图书馆通过其不同的服务方式把馆藏文化、图书馆文化及其社会文化现象扩散至读者和社会的过程。其中馆藏文化即不同载体形式的文献，这本身就是人类创造的一种文化源。社会文化现象（或是"社会即时文化"）则是一种由当代人创造的存在于现时的不同于文献这种保存形式的文化样式，如科学家的发明和创造性思维、艺术家的作品及艺术行为、仍流行于民间的民俗文化现象等。

二、图书馆文化传播的内容

图书馆自产生那天起就因其收藏人类的文化财富而成为文化传播的源流之一,在其发展过程中,经过同各种文化源的相互交流、渗透,又创造了自身的图书馆文化。新时期的图书馆则时刻关注着现实社会的文化现象,不断寻找新的文化传播源,以丰富自身文化传播的内涵[①]。

(一)图书馆馆藏文化的传播

这是图书馆文化传播最基本的内容。人类社会在其漫长的发展过程中创造和积累了大量的物质与精神财富,特别是随着印刷术、纸张的发明,更使这些文明的保存得以实现。信息时代,计算机存储技术的发明及网络技术的发展又使文献能以各种不同的载体加以保存并得以传播。这也使图书馆真正成为人类智慧和文明的宝库。对这些财富的开发利用,有助于人类在前人的基础上不断地创造新的文明。在现代社会里,科学文化知识的传播首先是通过教育这一环节系统地加以传递的,学校是这种文化传播的主要机构。但是由于现代社会的迅速发展以及知识更新的加快,使得人们在进入社会以后还必须不断地吸收和学习新的文化、新的知识来充实自己。如今,一种国际上于20世纪60年代被提出的观念——"终身教育",正得民心。

(二)图书馆文化的传播

图书馆文化包括图书馆的建筑和环境、图书馆学理论和实践、图书馆馆员的价值观念及其同读者所形成的特有的社会关系。图书馆文化的传播在传统的图书馆宣传工作中虽有所体现,但更多地浸润于无形的工作状态中。图书馆作为文化传播的机构之一,对于自身的文化现象也应加以重视和研究,因为它直接影响到图书馆文化传播工作的开展。

图书馆在人们心目中是一块圣地,犹如沙漠中的一块绿洲,保持

①商巧云. 知识经济时代图书馆文化传播研究[J]. 图书馆学刊,2015,37(06):6-8.

着人类文化生命的延续。作为承载着文化生命的主体——图书馆建筑,便具有一种格外肃穆的文化象征意义。图书馆建筑可以说是一种文化的缩影,当我们在城市的一个角落里或是在拥挤的人行道边抬头看到一栋图书馆大楼时,稍有知识的人都不会把它看成是单纯的一栋建筑。它是一个城市、一个地区文化的缩影,随时随地影响着那里的人们与那里的文化。这种文化传播的作用是非常巨大的。

图书馆的环境是随着图书馆的发展而改变的,比如藏书环境从以前的单纯藏书架到如今全开架式的阅览架;又如服务环境从以前单纯的借书厅、阅览室到现在出现的多功能厅、艺术剧院、音乐欣赏厅、书吧等,这些无不散发着浓浓的文化气息。虽然现在还有一些图书馆在设施上不够先进,也没有很大的环境变化,但它还是吸引着无数的人前往,其中最主要的原因是图书馆所具有的那种特殊的文化氛围。这种氛围就如同一杯散发着醇醇芳香的咖啡,令人留恋、回味。

图书馆在不断的实践过程中逐渐形成了一套图书馆学的理论和方法,它是由图书馆人创造而形成的文化现象,但相对于其他学科而言,图书馆学更主要的是一门实践的科学,它的文化,比如服务观念就更多地在图书馆的实际工作中得到体现。《公共图书馆宣言》在第十二条第二款中重申“公共图书馆原则上应当免费提供服务”。这种无偿的公益性服务早已深深地植根于图书馆人的心中,并为社会和读者所认同。这种无私奉献的价值观念作为一种文化现象来说已远远超出了普通的工作范畴。围绕这种服务的观念,图书馆相应地制定了一系列的图书馆纪律、读者守则等规范,这种具有约束性的制度如今也趋向于平民化,即一切以读者为本的人文观念。似乎这种理性的约定俗成的规范,也在图书馆的实践中被赋予了感性的色彩。这种图书馆人文观念的发展和深入,使服务与被服务对象之间建立起一种和谐、平等并能自由地加以表达和交流的社会关系。这种关系及这种文化现象的存在和传播对商品经济社会中出现的不良文化现象将起到一定的净化作用,并对人类文化的健康发展起到一定的推动作用。至于具体到图书馆工作的各个方面,如参考咨询工作、文献流通工作、读者活动等更是围绕着上述服务理念和社会关系而展开。而这种服务理念和社会关系的传播也在这些具体的工作中得以落实。

(三)社会"即时文化"的传播

图书馆文化是一种长期积累的文化,但社会是在不断变化和发展的,因此,各种新的文化现象也在不断产生。图书馆做好这些文化现象的传播工作也是与时代相适应的。比如对于各种重新发掘整理的民间艺术、社会各门类学科的最新发展动态、文艺人才的创新成果以及商业社会中所出现的不同价值取向等文化现象,图书馆都可利用自己的文化优势,通过展览、演讲会等形式予以关注,并传播于社会之中。目前在各公共图书馆普遍开展的读者讲座活动就是很好的方式。

这种"即时文化"的传播,是图书馆服务工作的新内容,是对传统馆藏文化传播的有益补充,也是图书馆文化传播中最活跃的因素。比如国家对于非物质文化遗产的重视使图书馆又多了一种内容和形式上的选择,它使图书馆的文化传播工作在形式上更活泼,在内容上更丰富。

第二节　现代图书馆文化传播的功能

一、图书馆文化传播的塑造功能

图书馆文化传播的塑造功能表现为整体塑造和阶段塑造两个方面。

第一,传播是图书馆整体文化系统得以形成和发展的重要促进手段。图书馆文化的培育是一个持续进行的过程,任何图书馆都必须根据外界环境的变化,对自身文化不断进行调整。文化自身也包含了对传播的要求,传播将静态的图书馆文化理念,融入到动态的图书馆信息交流系统中,建立开放的网状沟通平台,实现价值观念、行为模式思维方式的共享。不同图书馆之间的文化交流,有助于多元文化的产生和发展,为文化创新打下良好基础。通过传播图书馆文化,图书馆之间还可以相互沟通,通过学习对方文化的先进之处,完善自身的图书馆文化。

第二,在图书馆文化形成的阶段中,图书馆文化的广泛传播必不可少。图书馆文化形成的阶段之间并不是一种线性的层级递进的关系,图书馆文化的形成是一种非线性不平衡转化,在此过程中,有效传播是图书馆文化实现阶段转化的桥梁。具体来说,从源头文化到文本文化阶段,借助广泛传播,图书馆获取内外环境对于图书馆文化的反馈信息,然后根据这些信息对文化体系进行完善,从而形成最符合客观实际的、最根本的文本文化。从文本文化到行为文化阶段,借助有效传播,可以将总结升华后形成的文本文化向员工进行细致讲解,确保他们正确理解并接受图书馆文化,使员工逐步改变原有的价值理念和行为模式,形成全新的工作态度和价值观,进而改变其行为模式①。

二、图书馆文化传播的深化功能

图书馆的文化管理,就其实质来说,就是对员工实施灵魂管理,用图书馆的集体意志统一员工的个人意志,从而培育积极进取的战斗团体,形成较强的核心竞争力。图书馆文化要真正发挥积极的管理作用,就必须改变个体原有的价值观和行为模式。在这一过程中,有效传播必不可少,传播对图书馆文化理念的落实起着至关重要的作用。

第一,传播在个体行动之初起说服作用。通过广泛细致的工作,可以让员工认识到图书馆文化理念的价值,进而逐步改变原有的认

---

①张笑艳. 论现代图书馆的文化传播功能——以莞城图书馆为例[J]. 赤子(上中旬),2015(13):223.

识,接受图书馆的基本文化理念,达到改变行为的目的。通过有效传播,可以使图书馆文化理念更容易被员工理解和接受,使他们不会对枯燥的理论产生排斥心理。借助多种传播形式,如巧妙使用语言、活动等来丰富相关内容,可以创造愉快的氛围,让员工在潜移默化中接受图书馆的文化理念,在个体行动之初起到说服作用。

第二,传播在个体行动过程中起同化作用。当员工接受引导之后,就会在头脑中留下深刻的印象。传播所引发的共同感受被员工所认可,员工对图书馆的信任由此产生,他们对文化理念表示认同,对相关规定表示理解,员工在实践中会主动照此行事。在工作中,员工还会对传播的内容进行"反刍",重新体会它的深层含义。

第三,传播在个体行动之后起内化作用。在前两个阶段,图书馆文化传播已经使员工的态度和行为发生了改变,从传播中获得的理念在实践中得到验证,并被强化。共同行为使员工产生了认同感,加强了团体的凝聚力,员工之间的沟通变得更加顺畅,信息传递更迅速准确;因为有了良好的沟通氛围,不同的观点可以公开进行交流;适当的传播形式,可以使每个员工的意愿都得到充分表达,便于个人的想法被大家所理解,因而也就消除了同化阶段可能存在的分歧,图书馆文化管理便得以顺利实施。在由行为中的认同发展到内心的认同这一过程中,图书馆文化传播的深化功能得以实现。

三、图书馆文化传播的效益功能

图书馆文化的广泛传播,可以帮助图书馆全面推行先进文化,有利于形成图书馆独特的竞争个性,降低经营成本,最大地实现图书馆效益。

第一,图书馆文化传播有助于打造核心竞争力。图书馆的核心力量由物质力量和精神力量构成,其中精神力量占主导地位,在精神力量中,文化力量又占主导地位。文化力量包含了智慧、价值、道德、意志、情感等众多要素,是一种整体性的力量。在文化传播过程中,各种价值、意志、情感相互碰撞,逐渐形成主导文化。在主导文化的传播过程中,多元价值观相继融入,通过对异质要素加以同质化改造,最终形成整体性文化,为打造图书馆的核心竞争力奠定了坚实基础。

第二,图书馆文化的传播有助于在图书馆内部形成强大的凝聚力。图书馆凝聚力表现为图书馆对员工的吸引力以及员工对图书馆的归属感和认同感。美国社会心理学家沙克特对团体凝聚力与生产效率之间关系的研究显示,在积极诱导与高凝聚力的情况下,生产效率最高。在优秀文化的引导下,员工会为实现图书馆发展目标而共同努力,图书馆因此会大大降低行为成本,提高服务活动的效率。要使图书馆具有较强凝聚力,就必须满足员工的需要,员工的需要包括生存需要、相互关系需要和成长发展需要。单靠物质福利并不能满足员工的精神需要。因此,应该通过图书馆文化的传播,让员工了解图书馆的宗旨,理解工作的意义,用图书馆的共同目标统一个人的思想行为,使员工对图书馆产生高度的认同感和依赖感,进而在共同的文化背景下相互支持,团结一致,形成强大的凝聚力。

第三,图书馆文化的传播有助于图书实现可持续的发展。通过对图书馆文化理念进行广泛宣传,可以让社会大众了解图书馆的经营理念,接受图书馆的服务,逐步增强图书馆在公众心目中的影响力,提高图书馆的美誉度及有效的文化传播,可以使公众对图书馆的认识不再停留于图书馆的简单服务层面。公众可以深入了解图书馆的价值观及经营理念,从而对图书馆有更为全面的认识,加强对图书馆的信任和依赖,更多人会因此而接受图书馆的各类服务,由此便会扩大图书馆在公众的影响。

四、图书馆文化传播的社会功能

图书馆文化传播的社会功能,主要表现为图书馆借助各种符号传播手段,潜移默化地改变社会,直接影响社会文化的形成。通过图书馆文化的传播可以培养社会民众广泛的图书馆意识,构建学习社会、提高国民素质、培养公众的阅读习惯、实现可持续发展需要；图书馆的生机和活力直接来源于公众自觉的图书馆意识，培养公众的图书馆意识是图书馆生存和发展的基础；培养公众的图书馆意识是建设终身学习型社会的需要，有利于提高公民的信息素质，推进社会民主化、法制化进程。图书馆文化的传播可以让更多的公民了解图书馆、走进图书馆、利用图书馆、成为图书馆的热心读者和忠实朋友，就能使图书馆的功能得到最大限度的释放和发挥，更好地体现图书馆的社会价值。

阅读和文献信息的需求强烈，直接刺激图书馆的发展。图书馆文化被社会接受、承认，转化为全社会的图书馆意识。全社会关注、支持图书馆事业的发展才是图书馆培养图书馆意识、弘扬图书馆文化的目的，才能促进全面学习和阅读，实现和谐社会建设的宏伟目标。

第三节　现代图书馆文化传播的条件

一、文化传播的本质和机能

文化传播的本质是确立和扩大社会自我的过程，也就是说通过传播主受体之间的信息互动来自我识别，以便让个体的价值和主体性得到认可。具体到图书馆来说则是图书馆把特定的文化信息、价值理念传递出去影响其目标受众即图书馆的员工和各利益相关者，使他们认同图书馆的文化、理念，从而扩大图书馆的影响力，让图书馆在竞争中处于优势。

传播的基本机能在于共同创造机能，按照这种理解，图书馆文化的传播则是在传播活动过程中确立主受体之间的成长方向和作为创造目标的共有、共感关系从而在成功地影响信息接收者的同时，又通过传播主受体之间的信息互动来发现图书馆文化中存在的问题，不断完善图书馆文化。

图书馆文化是图书馆的核心价值观,只有通过传播才能使图书馆的主体性和价值观念得到认可,使图书馆文化逐渐在主受体之间形成共识,协调图书馆内外部关系,增强图书馆的创造力,从而提升图书馆的核心竞争力。同时,也正是在图书馆的传播活动中图书馆文化才得以形成、发展、完善。

二、图书馆文化传播的条件

图书馆文化传播是图书馆文化的传播者将特定的文化信息有计划地传递给受众,使其得以共享即通过传播行为对内影响图书馆馆员工,与员工达成共识,使员工遵循图书馆的价值观、伦理观和行为规范,从而增强图书馆的凝聚力;对外树立良好而独特的图书馆形象,协调与社会公众的关系,获得社会广泛的认同,培养忠诚的信息需求群体,以便在社会竞争中取得优势。

(一)图书馆文化本身应具备的条件

1.图书馆文化易于理解

图书馆文化是一种核心理念,即一种精神财富。任何精神财富若无法被理解便不能被享用,更不可能在这种理念、精神的指导下来创造物质财富,完善图书馆制度,规范员工行为。因而,图书馆文化必须易于理解。但是理解是一个很复杂的过程,它受信息接收者的愿望、需要、态度及其他心理因素的影响,所以,图书馆不能生搬硬套业内图书馆的成功理念。

图书馆领导、部门负责人和图书馆文化的设计者,应该结合我国国情和中国传统文化、本图书馆的实际情况和本图书馆馆员工的特点,采用多种措施,使图书馆文化的内传播深入浅出,易于让员工理解,这样才能得到员工的认同,从而指导员工的工作行为和生活行为。一旦员工理解了图书馆文化,就能把图书馆文化所倡导的价值观念内化为自己行动的指南,也只有在此基础上图书馆文化的外传播才不会失真①。

2.图书馆文化具有层次性

图书馆文化传播的对象不是单一的,无论是图书馆内部员工,还是图书馆外部的大众,他们的知识层次、教育背景、性格特点、工作任务和理解能力等都是不尽相同的。要求所有的受众对图书馆文化都能有深刻、全面的了解是非常不现实的,也是根本不可能的。因而,图书馆文化应该具有层次性,这并不是说要割裂图书馆文化,而是一种由浅入深,逐渐上升的过程。图书馆文化是一个大的理念范畴,这一理念在不同的层面应该有不同的表现形式。针对不同层面受体的思想实际和理解的深浅,在图书馆核心精神的引领下,设计不同的图书馆文化内容,从而使得图书馆文化能够真正影响各个层面的受众。

(二)图书馆文化传播者应具备的条件

1.学习能力

图书馆文化传播者要善于根据政治、经济的变化对新情况、新事物进行科学的分析、整理。这要求传播者有较强的学习能力和较强的调查分析能力。从而可以正确地评价自身所处的社会环境和优势条件、了解图书馆现状、员工思想状况和利益相关者的情况,并能把这些情况与同行业进行比较,以便博采众长,更好地传播图书馆文化。

2.传播能力

从图书馆文化传播的角度看,传播能力主要体现在图书馆文化传播者对信息传播科学的具体运用上。按照拉斯韦尔"5W"传播模式的传播过程分析,要求图书馆文化的传播者掌握图书馆文化内容、精髓,通过合适的传播媒介,把信息传递给受众,并尽可能达到最佳效果。

3.组织能力

图书馆文化传播是一项复杂的工程。图书馆文化传播者在内外部各种形式的活动中,例如典型示范、讲座、培训、典礼、集会、联谊会

---

①冯静.图书馆在社会文化传播与交流中的地位研究[J].农业图书情报学刊,2015,27(08):94-98.

等传递图书馆的文化信息。在这一过程中,传播者既要对本图书馆负责又要兼顾利益相关者的权益,尊重他们的意见和人格。因此,图书馆文化传播者要有较高的组织才能。这包括选择、策划活动方面的能力和良好的语言组织表达能力。在传播活动中高超的组织能力能够使受众最大限度地收到活动的组织者想要传达的信息,使图书馆文化传播收到良好效果。

4.具有主体性

图书馆文化传播者具有主体性指传播者的主动性、主导性、创造性和前瞻性等属性,即传播者的能动性。主动性是指能积极主动地进行图书馆文化传播;主导性是指在图书馆文化传播的过程中始终起主导和支配作用;创造性是指在图书馆文化传播过程中勇于探索各种新的途径、方法,具有创新精神和创新能力;前瞻性是指图书馆文化的传播既要立足现实,从受众现实的状况出发,分级分层传播图书馆文化,又要放眼未来,引导受众把与社会未来发展需要相适应的图书馆文化的价值观念内化为自己行动的准则。

第四节　现代图书馆文化传播的管理策略

一、更新图书馆馆员工文化传播意识

图书馆管理人员应充分认识到过去的方式,不能满足瞬息万变的科技发展需要。抢速度、争时间,迅速、准确、主动地出击,充分发挥图书馆馆员在文化传播过程中的主观能动性,变封闭式服务为开放性服务,把被动服务转变为主动服务,全面树立图书馆良好的社会形象,积极传播图书馆文化。

二、不断开创读者服务的新局面

文化传播增值的大小与传播媒介功能设施的良莠和服务质量有直接的关系,但最终又应取决于广大用户对它的采用及其效应。每个图书馆对于自身传播设施的基本状况及功能应有清醒的把握,并不断进行设施的检验与更新,使之在计算机网络的运行过程中不断适应社会的更高要求。同时,还要对自己所辖用户提供最优质的服务,这是能否实现更大增值的关键。其优质服务包括诸多方面,比如,为用户提供便捷的检索机制,使其借助于良好的检索系统,从浩瀚的知识海洋中迅速查询到所需要的文献与信息;经常为用户介绍最新入网的文化科技资料、情报与信息,使各学科的研究者能够及时掌握本专业最新的科研动态;配备和健全精良的机房操作与维修人员队伍,确保计算机网络的畅通;根据不同用户的特殊要求,给予完善的服务[1]。

三、努力提高图书馆工作人员的素养

文化传播的增值与否,还在于该资源能否及时地进入网络,以及在传播过程中由传播主体对其做出基本价值判断。在计算机网络正常运行中,各图书馆应根据网络系统的协定或有关分工,及时地将该图书馆所在区域和院校科研人员的最新研究成果或论文、论著输入计算机网络,使之能够尽快地流向社会,迅速发挥交流与互通的作用。同时,传播主体在这一过程中,往往会根据自己的理解对其做出一定的价值判断,并在传播中时有体现,显示自身的价值观念。而这种主观意识的渗入,也是影响其增值的重要因素。因此,作为传播主体的图书馆工作人员,尤其是高水准的学科馆员,其知识与修养状况,时常会影响到对文化与科技资料、情报与信息的采集、筛选、处理及介绍。不同的举措与处理方式,主体精神与思想观念的差异,会对文化资源的增值大小产生重要的影响。

[1]郑晓川.对高校图书馆创新管理的思考[J].民营科技,2016(12):120.

四、多形式、全方位宣传图书馆

（一）馆藏宣传

馆藏文献信息资源是图书馆向用户提供各种服务的最基本的物质基础。图书馆在努力提高馆藏质量，构建合理的、科学的馆藏体系的同时，还应该通过宣传使读者清楚的了解馆藏，方便利用馆藏。图书馆的馆藏宣传主要包括馆藏分布导向、书架排列标识、书目检索、新书目录等。与之相对应的宣传方式是图书馆视觉标识系统，有电子触摸屏、馆藏分布平面图、书架标识牌等，新书的宣传途径主要是图书馆网页上文本目录形式的新书通报和馆员的口头推荐。读者检索模块既是读者利用馆藏的有力工具，同时也是图书馆馆藏宣传的一个主要窗口。

（二）制度宣传

图书馆的管理制度有两部分，一部分针对图书馆馆员，一部分针对读者。图书馆的制度宣传主要是向读者宣传开馆时间、图书外借规章、阅览规则、馆员服务职责等。与之相对应的宣传方式有图书馆网页、宣传手册、滚动电子屏幕，借书卡背面的使用说明，书库和阅览室门外的挂牌，阅览桌和书架边框上的小贴士以及馆员的口头宣传，等等。

（三）服务项目宣传

由于人类信息需求的增长，图书馆的服务对象在不断扩大，服务内容在不断增加，服务手段在不断提高，服务方式在不断进步。无论哪一方面发生变化，都应该使读者及时了解。与此相关的宣传内容有：办理借书卡须知、开展读者咨询专题讲座、制定复印办法及相应的收费标准、提供复印件邮寄、文献传递等。其主要宣传形式有图书馆网页介绍、宣传手册，在固定及临时地点张贴通告、通知、海报等。

（四）服务理念宣传

服务理念是图书馆用语言文字在馆内外公开传播一贯的、独特的具有读者导向的服务主张和服务理想。服务理念的核心就是用户的导向观念,即一切服务主张和服务理想都可以和应当归结为最大限度地满足用户的期望和要求,因此没有隐瞒的必要,理应大张旗鼓地宣传。服务理念贯穿于图书馆的一切活动之中,其外在的主要宣传形式有悬挂条幅、标语口号、电子滚动字幕,墙壁题词装饰,馆徽、馆训、馆歌,等等。

图书馆宣传中还应注意以下一些问题。

第一,实用性。设置图书馆的标识系统,其根本意义是出于人本思想,为读者利用图书馆提供导向和提示,在设计上要做到导向和提示清楚、布置醒目,才能便于读者识别。

第二,和谐性。一切后来的视觉装饰,在介入空间以后,就与原有环境产生了对话与交流,即可改善原有环境的面貌,又增加了原有环境的视觉重点。图书馆的一切视觉宣传形式,都应与图书馆建筑的内部装饰在风格、色彩和形式上相统一,保持和谐,以收到较好的审美效果。这需要以较强的审美意识来做一个整体的构思,如果今天这儿挂一块牌子,那儿贴一张标语,那儿又装一个橱窗,弄得杂乱花哨,会破坏图书馆空间环境的美感,也收不到良好的宣传效果。

第三,独特性。图书馆的宣传应注重突出个性,不同类型、不同级别、不同地域、不同专业的图书馆要找准自身的特点,突出自己的优势。图书馆的每一个标识、每一行字、每一个布景等细节,都应体现自身的宗旨和特色,才能给人以深刻印象,紧紧地吸引读者。

第四,真实性。图书馆宣传的各项内容、发布的各种信息、公布的各种数字必须遵循实事求是的原则,保证其内容真实可靠,杜绝华而不实、夸夸其谈。

第五,生动性。图书馆的语言文字宣传,首先应该保证其规范,特别是馆员的口头宣传,更要规范文明。在此基础上,还应该注重语言的生动。语言文字是思想的外衣,简洁、生动、温馨的文字不仅能使人牢记它的内容，更使人容易理解它的内涵。特别是那些带有提醒、警示作用的文字，其出发点是对读者的人文关怀，应该坚决杜绝使用命令式的祈使句和带有威胁性的语言，如："如果……，将对您处以……"。从"警"字的结构上我们就可以获得启示，"敬"在上"言"在下，要善意地提醒读者，首先要真诚地尊敬读者。

第六，及时性。图书馆涉及读者工作的一些调整、改进，如书库布局的调整、藏书架位的调整、开馆时间的变更等，应该让读者在第一时间及时了解。特别是新书通报、需要读者参与的活动的通知、读者课堂的海报等，时间性很强，不及时宣传就丧失了宣传的意义。及时性的另一层意思是指有些宣传内容还必须及时撤销，如今天为读者开展某项活动的海报，明天还挂在那里，显然是多余的。

第七，多样性。图书馆的宣传应采取实物、文字、口头、网络等多种形式。特别值得一提的是，例如微博因其灵活方便、个性化及即时性强的特点，已经成为构建和传播图书馆服务文化的最新方式。图书馆不仅应该建立各种类型的官方微博，还应该鼓励图书馆的用户建立微博账号，以促进图书馆与用户之间的交流和互动。除此之外，举办各种学术活动、提供参观服务、利用图书馆本身有意义的事件举行纪念活动，举办主题宣传日（周）等都是图书馆自我宣传的极好时机和方式。

综上所述，图书馆宣传涉及图书馆服务文化内容的各个方面，与图书馆文化的紧密相关，它作为图书馆服务文化的传播手段，不仅将服务文化外显于物，更有助于将其内化于心，对图书馆服务文化的功能和作用的发挥起到了强化作用。构建先进和谐的图书馆文化，促进图书馆的各项工作，宣传是一项很重要的工作。

第四章　现代图书馆文化建设的主要力量

第一节　图书馆馆员

图书馆馆员是图书馆业务人员的通称。在一些国家还指图书馆管理专家，或修完图书馆学专业课程而被授予馆员资格的人，或管理任何一批文献的人。图书馆馆员的职业是管理图书馆及其目录，对文献资料进行搜集、整理、组织和保管，并提供借阅、参考咨询和情报服务，以满足读者的需求。图书馆馆员应对图书馆的资源、文献资料的组织方法及读者有基本的知识。

在古代，图书馆馆员的主要工作是保管、看守图书，因此往往被称为图书保管员。17 世纪中叶英国皇家图书馆馆长 J.杜里主张图书馆馆员不应只是图书的保管人和提供者，还应是文化传播者。1894 年，纽伯里学院校长哈珀提出图书馆馆员的工作不仅是管理图书，为书编目，还应充当读者利用图书的指导。

为了更好地承担文化传播者和教育者的职责，许多学者提出了对图书馆馆员文化素质的基本要求。如 15 世纪意大利著名私人图书馆的拥有者费德里戈公爵要求图书馆馆员"学识渊博，神采奕奕，和蔼可亲，精通文学与语言"。德国图书馆学家 F.A.艾伯特主张图书馆馆员必须接受严格的专业教育，他在 1820 年出版的《图书馆馆员的教育》一书中提出图书馆馆员要有综合性的知识、广泛的外语和历史知识，还应了解文学史、目录学、古籍知识和百科词典;图书馆馆员应具备的重要素质是条理性、秩序感、辨别细节的能力和献身精神。

随着图书馆事业的发展,图书馆馆员的地位逐渐提高,分工趋向专业化,因而也就有了不同的称呼,如馆长、馆员、副馆员和助理馆员等,编目员、参考馆员、分类法专家、标引员等;公共图书馆馆员、科学图书馆馆员、专业图书馆馆员、大学图书馆馆员等[①]。

为了保证图书馆馆员的质量,维护这一职业的社会地位和声誉,许多国家制订了考试政策。如英国图书馆协会从1885年起受政府委托有权授予图书馆工作者"协会准会员"和"协会正式会员"资格,前者需通过初步考试和中间考试(登记考试);准会员工作5年后方可参加最终考试,合格者才取得后一资格,因此协会正式会员享有盛誉。

许多国家的图书馆馆员都区分为专业人员和辅助人员。专业人员需具备大学毕业以上学历,主要从事专门业务或研究工作,他们一般需受过培训,其任务是鉴定需要,分析问题,确定目标,组织和管理对读者的各项服务。辅助人员需高中毕业,主要从事辅助性工作。其任务主要是应用既定的规章条例和技术从事日常工作。以文献收集工作为例,专业人员只负责文献选择,其他的工作如查重、打卡片、发订单等都由辅助人员完成。但在实践中区分并不总是明确的,例如在自动化程度较高的图书馆,辅助人员就在处理过去由专业人员负责的技术加工和馆际互借工作。

在国际图书馆界影响较广的是美国实行的职级制度。美国图书馆协会规定图书馆业务工作人员分为职员(即辅助人员)和专业人员。职员分3级:管理员(职业学校毕业者)技术助理员(大学专科毕业者)和助理馆员(获学士学位者);专业人员又分2级:馆员和高级馆员或专家和高级专家(获得硕士学位以上者)。日本图书馆专业人员分为司书(分为5级)和司书补。司书需大学毕业,从事专门业务;司书补

---

①郑蓓. 高校图书馆馆员核心能力构建研究[D]. 郑州:郑州大学,2019.

需高中毕业,协助司书工作。中国图书馆业务工作人员的专业职务分为管理员、助理馆员、馆员、副研究馆员和研究馆员5级,馆员以下为初级业务人员,馆员为中级业务人员,副研究馆员和研究馆员为高级业务人员(相当于高等学校的副教授、教授),主要承担较深的文献研究任务,指导、主持业务工作和科研工作,解决重大的业务问题。

图书馆馆员几乎遍布各个地区、各种行业。但在公共图书馆、高等学校和科研机构图书馆的居多。社会进步和科技发展对图书馆馆员的职业提出了更多、更高的要求。未来世界经济的主要增长成分将是信息业,最需要的职业专家将是能够利用各种传播载体,控制信息洪流,并加以有序管理和广泛传播的专家,即比传统图书馆馆员职业更广泛的传播载体专家和信息专家,他们将主要从事与信息有关的管理、咨询推销、编辑、标引和文摘编制、培训、系统分析、用户服务、联机查找、文献传递、研究、记录管理、数据库生产等工作。

一、馆员是图书馆文化建设的基本力量

图书馆馆员是推动图书馆生产力发展的最活跃的因素,也是图书馆文化建设的基本力量。图书馆文化建设的过程,本质上就是图书馆馆员在生产经营活动中不断创造、不断实践的过程。图书馆馆员身处生产经营第一线,他们在用自己勤劳的双手创造物质文明的同时,也在用自己的智慧创造着精神文明。图书馆文化既体现着专家的智慧,更体现着馆员的智慧。在图书馆中,个别馆员也许不是最有智慧的,不一定比得上高层管理者和专家,但他们作为一个群体,集体的智慧是最强大的,正是靠着他们集体的聪明才智,不断丰富着图书馆文化的内容,推动着图书馆文化的革新与进步。

比如,图书馆馆员在新技术、新产品开发中,接触到大量的科技信息,迸发出很多先进思想的火花,这些信息和思想火花,集中起来就可能成为一种新文化的材料,信息技术与产品的开发过程也就变成文化的变革过程,创新思想、宽容失败以及实事求是的文化观念可能由此而生。再如,图书馆服务水平的提高,需要每一个馆员的努力、部门之间的配合,否则,某一环节懈怠,都会影响服务水平的提高,因此协作观念和集体主义精神应运而生;同时,现代化作业要求人们办事认真,遵守规范和标准,因此也会产生与之相适应的精益求精的工作精神和严谨、严格、严密、严明的工作作风。又比如,馆员从事图书采访活动,与书商、数据库经销商、竞争者及读者打交道,会使他们树立强烈的市场意识、竞争意识、危机意识和风险意识,树立正确的服务理念,并认清图书馆与书商、数据库经销商、竞争者与读者相互依存的关系,认清竞争与合作、经济效益与社会效益、图书馆眼前利益与长期利益的辩证统一关系。

固然,图书馆文化离不开专家的积极倡导和精心培育,这种倡导和培育加速了图书馆文化的新陈代谢,即摒弃旧文化、创造新文化的过程。但是,图书馆文化源于图书馆生产经营实践,源于馆员在生产经营实践中产生的群体意识。可以说,新文化是由馆员在工作实践中创造的,没有这种创造活动,图书馆文化就犹如无源之水、无本之木。不可否认,在信息化时代,文化的相互传播速度越来越快,就一个图书馆来讲,专家可能从图书馆外部(如其他图书馆)捕捉到一种新的文化,在本图书馆加以倡导和推广,但这种新的文化从广义来讲也是馆员(其他图书馆馆员)创造的,即使移植到本图书馆也必须有现实基础;否则,远离图书馆实际,再好的文化也不会发挥作用。

馆员不仅是图书馆文化的创造者,也是图书馆文化的"载体",是图书馆文化的承载者和实践者。图书馆文化不仅是蕴藏在人们头脑中的一种意识、一种观念、一种思想、一种思维方式,从实践的角度看,它也是一种行为方式、一种办事规范、一种作风、一种传统和习惯、一种精神风貌。如果图书馆文化只停留在精神层面,不能通过行为表现出来,就没有任何价值。在图书馆文化由精神向行为以及物质转化过程中,馆员是主要的实践者,正是靠全体馆员在工作和生活中积极实践图书馆所倡导的主流文化,以一种正确的行为方式和行为规范,一种优良的工作作风和传统习惯,一种积极向上的精神风貌,爱岗敬业,做好本职工作,才能给读者提供好的信息产品,推出优质的服务,创造出最佳的社会效益,真正产生由精神变物质的积极效应。从这个角度看,图书馆文化建设过程就是在专家的引导下,馆员积极认同、自觉实践的过程,馆员实践得好坏,直接决定图书馆文化建设成果的优劣。图书馆文化建设是需要一定的提炼、灌输和宣传推广等活动的,但这些活动都是手段,目的是实践。经过实践的文化才是真实的文化;否则,只能是可能的或泡沫的文化而已。

从上述图书馆文化的创造和实践两个环节看,图书馆馆员都起到关键性作用。人创造文化,文化也改造人。馆员创造并实践图书馆文化,图书馆文化作为馆员成长和发展最重要的环境,反过来也改造并提高了馆员的思想素质、道德素质和文化素质。图书馆文化与馆员素质在相互推动中共同得以提高。

二、"以人为本"的主旨

(一)人的本质

人为什么能够承载文化和改造文化?我们需要对人的本质进行一些考察,从而也为确定以人为本的主旨找到理论依据。

在西方传统哲学那里,人是介于神与自然之间的第三者,既具有灵魂,又具有肉体,人区别于神是因为人有肉体和物质性,人区别于自然是因为人有灵魂和精神性。

在中国传统哲学看来,人总是处在与他人的相互关系中,人区别于动物的关键在于人有道德,学会修身养性、学会做人是人生的主要目标。马克思主义在此基础上,强调从社会关系和实践活动中来理解和把握人,认为人是名副其实的社会动物,劳动创造了人本身,人是社会关系的总和。从以上看出,人是具有自然属性、社会属性和精神属性的复合体,但本质是社会性和劳动性。依据这种观点,我们不难推出这样的结论:人作为社会环境和时代的产物,对集体(或社会)具有依赖性;同时,人是自己命运的主人,在适应环境过程中改造环境,在承载文化的同时也创造文化。因此,现代图书馆只有坚持以人为本,确立馆员在图书馆管理中的主体地位,相信群众和依靠群众,才能把图书馆办好。这是马克思主义的基本观点。在现代图书馆生产经营活动中,或者说在生产力的进步中,人是最积极、最活跃、最关键的因素,是创造力的源泉。人的主观能动性发挥得好坏,对图书馆工作效率和服务水平高低有着直接影响。尤其是在剧烈的市场竞争环境里,在决策正确的前提下,哪个图书馆能够最大限度地调动馆员的积极性,开发馆员的潜力,哪个图书馆就能争取主动,获得长足发展。

(二)"以人为本"的内涵与实践途径

"以人为本",即把人作为图书馆管理的根本出发点,把做人的工作,充分调动人的积极性,作为图书馆文化建设的重要任务的指导思想。也就是提倡尊重人,相信人,激励人,开发人,使人能动地发挥其无限的创造力。坚持"以人为本"的图书馆文化建设主旨,其主要实践途径是解决好以下相互联系的四个问题。

第一,充分地重视人,把图书馆管理的重心转移到如何做人的工作上来。长期以来,在图书馆中存在着重服务、轻管理的现象。有些管理者,虽然对管理工作有所重视,但往往把管理的侧重点放在建制度、定指标、搞奖惩上,忽视做人的工作。实践证明,在管理活动中,只见物不见人,重物轻人,只重视运用行政手段和经济手段进行外部强制,不重视发挥人的主观能动性,只把人作为外在文化约束的对象,不尊重馆员的文化创造,是无法实现管理的预期目的的,也不可能增强图书馆的生机和活力。为此,管理者只有把管理的重心转移到调动馆员的积极性上来,增强馆员的主动精神,才能使图书馆形成一种人人尽职尽责,人人关心文化、为文化建设尽心尽力的局面。

第二,正确地看待人,切实处理好管理者与馆员之间的关系。管理工作的真正民主化，工人积极性、主动性和创造性的充分发挥是难以实现的。在社会主义图书馆里，管理者与馆员之间的矛盾不再具有根本利益冲突的性质，他们之间只是分工的不同，其关系是平等、互助的关系；馆员是图书馆的主人，是图书馆管理和图书馆文化的主体。这一结论，是对图书馆人的看法的质的突破。如果简单地把馆员置于"被雇佣者"的地位，不尊重，不信任，忽视其在精神上尤其是文化上的需求，其后果是削弱图书馆文化的功能。所以，图书馆文化建设必须高度重视图书馆馆员素质的培养与提高，使图书馆文化的主体成为有高度素养的文化人、关注自身与社会双重价值的现代图书馆人。

第三，有效地激励人，使人的积极性和聪明才智得到最大限度的发挥。即在重视人和正确看待人的基础上，确保馆员在图书馆管理中的主体地位，充分调动馆员的工作积极性，把蕴藏在馆员中的聪明才智充分发掘出来。为了达到这一目的：一是必须进一步完善图书馆的民主管理制度，保障馆员的民主权益，使馆员能够广泛地参与图书馆的各种经营管理活动。二是改变压制型的管理方式，变高度集权式的管理为集权与分权相结合式的管理；变善于使用行政手段进行管理为多为下级提供帮助和服务；变自上而下的层层监督和控制为实行馆员的自我监督和自我控制。三是为馆员创造良好的工作条件和发挥个人才能、实现个人抱负的条件，完善人才选拔、晋升、培养制度和激励机制，帮助馆员进行个人职业生涯设计，注意满足馆员物质和精神上的各种需求。

第四，全面地发展人，努力把馆员培养成为有理想、有道德、有文化、有纪律的新型劳动者。好图书馆一定是一所好学校，它不仅是人的使用者，而且也是人的培育者。图书馆管理者只有重视对馆员的培养，提高馆员的道德修养，提高馆员的科学文化素质，丰富馆员的物质和精神生活，全面提高人的素质和能力，才能使馆员得到全面的发展。图书馆馆员全面发展、素质提升的过程，即成为图书馆文化创造的过程,或称图书馆文化创新的过程。

三、培养名牌馆员

在市场竞争日益激烈、科学技术迅速发展的今天,图书馆馆员队伍的素质,越来越明显地成为图书馆能否生存和发展,能否成功地进行图书馆文化创新与变革的决定性因素,成为图书馆竞争力强弱的主要标志。美国经济学家莱斯特·瑟罗指出,图书馆提高竞争能力的关键,在于提高基层馆员的能力,也就是要造就名牌馆员。

比尔·盖茨也说:职员是微软公司的宝贵资产,只有智慧灵活的头脑,才能不至于落后于人,永驻高峰。微软成为世界软件业的先锋,得益于它拥有高智慧和灵活头脑的名牌馆员。名牌馆员是需要具备事业心、忠诚心和责任感的,是具有高超的技术、熟练的操作技能的,是守纪律和讲协作的,并且具有创造性的。馆员只有具备这些素质和能力,才能适应现代图书馆生产经营活动的需要,才能真正成为图书馆文化发展和创新的主体。因此,图书馆文化建设必须围绕提高馆员的素质、培养名牌馆员来进行。

要培养一支高素质的图书馆名牌馆员队伍,就要抓好馆员的培训。馆员培训是图书馆通过教学或实验等方法,促使馆员在道德、品行、知识技术等方面有所改进或提高,保证馆员能够按照预期的标准,完成其承担的工作与任务。培训相当于给馆员进行能量输入,也就是我们常说的“充电”。据有关资料介绍,一个人一生中获得的知识,10%来自学校,90%来自社会,即参加工作之后。现在正处在知识爆炸的信息时代,科学技术的发展日新月异,除了进行相应的岗位培训外,不断地对馆员进行知识更新,进行智力投资,是保持企业活力的关键。有的国家将图书馆培训部门称作最佳投资部门,就是说通过培训可以用最小的投入获得较大的利润。当然,做好馆员培训,首先要根据图书馆的经营发展战略和图书馆人力资源开发的需求,制定科学可行的馆员培养规划,包括图书馆自我培养和委托社会培养、脱产培养和岗位培养的计划等。

值得欣慰的是,考察中国近十几年来崛起的知名图书馆,也开始由靠抓技术、打市场取胜,后来不断重视馆员的培养,创造图书馆长期优势的战略转变,很多图书馆从中受益巨大。因此,只有培养一支具有较好精神素质、技术素质、管理素质和现代管理观念的一流馆员队伍,是图书馆长盛不衰的基本条件。

第二节　图书馆楷模

一、图书馆先进文化的体现者

(一)图书馆楷模的个性特征与作用

图书馆楷模又称图书馆英雄,是指在图书馆生产经营活动中涌现出来的一批具有较高思想水平、业务技术能力和优秀业绩的劳动模范、先进骨干分子和英雄人物。他们是集中体现图书馆主流文化,被图书馆推崇,被馆员一致仿效的特殊馆员。这些人在图书馆正常的生产经营活动中总是走在前面,是图书馆先进文化的体现者,是图书馆文化建设的重要力量。图书馆楷模是图书馆价值观的化身,他们的观念、品格、气质与行为特征都是特定价值观的具体体现。

图书馆楷模之所以受人尊敬和崇拜,关键在于他们是图书馆先进文化的代表,他们做了他人能做而没有勇气做的事情。图书馆楷模对图书馆文化的形成和强化起着关键作用。图书馆楷模是振奋人心、鼓舞士气的导师,是人人仰慕的对象,他们的一言一行、一举一动都体现了企业的价值导向。他们在图书馆中也许不担任任何管理职务,也许算不上高技术人才,但他们德高望重,备受人们敬重。在他们身上体现出图书馆追求的真谛,处于图书馆文化的中心位置。

楷模们是人们心目中崇敬的偶像和有形的精神支柱。如果没有他们,图书馆文化就会由于缺乏凝聚力而涣散与支离破碎。通常图书馆馆员希望在某个人身上找到自己心目中的期望,因此图书馆楷模稍有一点作为,就会在一批馆员心目中成为出神入化的人物,只有懂得这种图书馆文化妙用的主管和领导人,才能很好地利用馆员这种心理去塑造图书馆楷模,促进图书馆文化的发展。

(二)图书馆楷模在图书馆文化形成中的具体作用

第一,榜样作用。图书馆楷模具有时代特点,体现现实文化的主导精神。他们能以其优秀的品德、模范的言行、生动感人的现实文化形象感染人们。他们的为人、功绩是一般馆员可以直接体验的,容易使大家产生情感共鸣,因而乐意去仿效。

第二,聚合作用。图书馆楷模产生于群众之中,他们的理想、信念、追求具有广泛的群众基础,易于为群众所认同和敬佩,于是产生独特的魅力,吸引着周围的馆员,使整个组织同心同德,形成整体力量。

第三,舆论导向作用。在一个良好的组织文化环境中,图书馆楷模的公正主张和远见卓识,能够控制舆论导向,能够起到引导馆员言行、强化图书馆价值观的作用。

第四,调和作用。图书馆楷模以自身在图书馆中的地位和优势,在解决图书馆内部的各类矛盾、冲突时起着调和作用。如以公正的态度提出调停条件,判定是非,充分诠释图书馆处理冲突的立场、原则和手段,化解冲突。图书馆楷模的调节往往能够起到图书馆行政方法、法律方法和规章制度等所起不到的作用。

第五,创新作用。图书馆楷模着迷于把自己的幻想变成现实,其观念、言行常常突破惯例。图书馆楷模就像古典文学作品中的英雄,每个英雄都有一条龙在等着他去搏斗,或是有些障碍需要他们去克服。因此,图书馆楷模本身的创新之举,往往代表着积极的图书馆文化倾向。他们通过自身的榜样作用把先进的文化倾向传递给组织中其他成员,点燃大家的创新激情,带动着整个图书馆文化的创新。

(三)图书馆楷模的类型

从不同角度划分,图书馆楷模有如下若干类型。

第一,从图书馆楷模的来源看,有"群众楷模"和"领导楷模"。即有的来源于生产经营第一线的普通群众,有的来源于图书馆管理层乃至图书馆最高领导层。基层的楷模身居群众之中,有广泛的群众基础,容易使人产生认同感和亲近感。管理层和领导层的楷模集权力因素和非权力因素于一身,能够形成超越权力的人格感召力[①]。

第二,从图书馆楷模的形成特点看,有"共生楷模"和"情势楷模"。前者是与图书馆共同产生的往往由图书馆的缔造者和创业者充当这一角色。这种楷模对图书馆创立与发展做出过巨大贡献,他们的事迹往往被"神化",因而在图书馆馆员心目中始终保持着完美的形象和持久的影响力。后者是在图书馆发展的关键而难忘的时刻"塑造"出来的,与"共生楷模"相比,他们的事迹更现实、更具有可仿效性。

第三,从图书馆楷模事迹及特征看,有"单项楷模"和"全能楷模"。"单项楷模"的事迹及品行特征集中表现在某一方面;"全能楷模"则是在很多方面都有突出的业绩,表现出比较全面的优秀品质。也可以说,"单项楷模"从某一方面体现了图书馆的价值观,"全能楷模"比较全面地体现了图书馆的价值观。企业楷模如果能成为全面发展的文化楷模固然很好,有利于馆员群众对图书馆文化的全面认识。但是,人的成长、发展受众多因素的影响和制约,成为超群、杰出的楷模者甚少,有的图书馆没有这样的人物,有的仅仅存在于图书馆的历史人物中,甚至是虚幻出来的。因此,图书馆成员只要具有某一方面或几方面独特的优势,在某些方面体现图书馆所倡导的价值观,就应成为文化楷模。况且,这类"单项楷模"个性突出、形象鲜明,更容易为群体成员所学习和效仿。

[①]艾家凤.高校图书馆人力资源管理研究[M].合肥:中国科学技术大学出版社,2015.

第四,从图书馆楷模形成的时期看,有历史楷模和现实楷模。历史楷模往往是图书馆文化传统的创立者,他们的品格、行为作风、形象往往传为佳话,是图书馆后来者所仰慕、尊崇的。他们所创造的图书馆文化传统具有比较鲜明的特色,作为图书馆优秀的文化遗产能够世代延续下去。现实楷模是能够继承图书馆优秀文化传统,又能在现实中创造新的业绩,体现和传播新的价值观念的图书馆楷模。历史楷模和现实楷模尽管形成的时期不同,但都能对图书馆文化的发展起到巨大的推动作用。

二、造就图书馆楷模

事实上,图书馆的共生楷模如凤毛麟角,并不多见。现代图书馆又比以往任何时候都更需要英雄楷模。人们不能坐等时机,如果英雄楷模不能随图书馆一起诞生的话,就必须因势利导来造就楷模。文化气氛比较浓厚的图书馆对于认识和创造那些情势楷模特别在行。图书馆的高级主管们知道,楷模之所以能成为楷模,是因为他们体现该图书馆文化成功的伦理。图书馆中必定有众多的候选楷模,就看我们如何去发现和培养他们。有一些人在图书馆里表现得很特别,他们性情"古怪"、行为"出格"、见解独特,常常不为众多的人所理解。注重图书馆文化的公司一般都十分看重这些人,认为他们的独特个性可以与公司的价值观交相辉映,因而尊重他们的个性,挖掘他们的创意,通常把他们放在具有创造性的工作岗位上,或委派他们负责研究创新和业务开发。

图书馆楷模是在图书馆实践中逐步成长起来的,但最后真正变成为人所景仰的楷模又需要图书馆的外在培育,是典型人物良好的素质所形成的内在条件与图书馆"天时、地利、人和"的客观环境及催化力共同作用的结果。图书馆在造就楷模时主要有三个方面工作,即善于发现"原型"、注意培养和着力塑造。

（一）善于发现楷模"原型"

楷模在成长的初期往往没有惊人的事迹，但是他的价值取向和信仰的主流往往是进步的，是与图书馆倡导的价值观保持一致的。图书馆的领导者应善于深入群众，善于透过人们的言行，了解群体成员的心理状态，及时发现具有楷模特征的"原型"。发现楷模"原型"十分重要，"有高山即有深谷"，对楷模"原型"不要求全，而要善于发现"亮点"。

（二）注意培养楷模

培养楷模就是为所发现的楷模"原型"的顺利成长创造必要的条件。增长其知识，开阔其视野，扩展其活动领域，为其提供更多的文化活动的参与机会，使其增强对图书馆环境的适应性，更深刻地了解图书馆文化的价值体系。培养楷模切忌脱离群众，应该使楷模具有广泛的群众基础。

（三）着力塑造楷模

通过对楷模"原型"的言行给予必要的指导，使他们在经营管理活动或文化活动中担任一定的实际角色或象征角色，使其得到锻炼。当楷模基本定型，为部分馆员群众所拥护以后，图书馆应该认真总结他们的经验，积极开展传播活动，提高其知名度和感染力，最终使之为图书馆绝大多数馆员所认同，发挥其应有的楷模作用。需要指出的是，在对楷模进行宣传过程中绝不能"拔高"。新闻媒体一般喜欢过分地宣扬、吹捧这些英雄楷模，无论是图书馆共生楷模还是情势楷模，都常常被渲染成超凡的人物。其实，英雄并不是超人、神人，而是最脚踏实地的人物，在其发挥作用中应给予关心和爱护，使其能够在良好的环境中健康成长。图书馆楷模不一定都具备管理能力，不加区别地硬性把这些人"提拔"到管理或领导岗位，也不是明智之举。培育、造就图书馆楷模的过程也是不断增强馆员信心、鼓励大家成长，超越自我、创造非凡的过程。任何人都能成为英雄，只要他们有信心并且能坚持做下去。

图书馆楷模是强文化图书馆中"强文化"的化身,强文化图书馆一方面重视楷模的培育,鼓励人人成为英雄,并且不断造就英雄群体;另一方面又重视充分发挥英雄楷模作用。如果一般的图书馆能像强文化图书馆那样,那么就会在馆员中最终造就、培育出各方面的楷模来,图书馆文化也就会跃上一个新的台阶。

第三节 专 家

一、图书馆文化的倡导者与培育者

在市场经济社会里,专家不但是市场舞台上的主角和图书馆的掌舵人,而且在建设图书馆文化中具有突出的地位与作用。

(一)专家的市场角色定位与基本特征

专家在现代社会经济发展中具有重要的地位和作用。

现代图书馆经营管理需要专家。现代图书馆不同于作坊小店,它面对激烈竞争的市场和复杂的社会政治经济环境,需要对图书馆的发展方向和众多经营战略问题做出决策;需要处理同合作伙伴、顾客、竞争对手、金融机构以及其他社会公众复杂的经济、社会关系;也需要处理同政府职能管理部门,同股东、馆员的关系。它的内部分工细密,工作协作复杂,生产经营过程中也需要处理"人—人"、"人—机"之间的关系。如果没有一个能执掌全局,具有远见卓识和高超组织指挥才能的专家,对图书馆进行创造性经营和科学的管理,图书馆正常运营和发展是很难想象的。

一般地讲,专家通常指图书馆的董事长、总裁、总经理或CEO,是一个图书馆的核心领导人。但从本质上看,专家是指创新事业和冒险事业的经营者、组织者。尽管专家是图书馆的主要领导人,但并不是每一个图书馆领导人都能称得上专家。俗话说"千军易得,一将难求",所以经理易找,专家难觅[①]。

(二)文化角色定位

图书馆馆员是图书馆文化建设的基本力量,图书馆楷模是图书馆先进文化的体现者,专家作为图书馆精神的人格化代表,在图书馆文化建设中的重要地位显而易见。建设优秀的图书馆文化,离不开专家这一核心力量。具体来说,专家的文化角色定位如下所述。

1.图书馆文化的积极倡导者

图书馆文化是靠专家倡导的,专家的理想、主张、领导风格和领导艺术引导着图书馆文化的方向和特色。任何一个图书馆,如果没有具有超前文化意识的专家,就不会有先进图书馆文化的产生;同样,几乎没有哪一个图书馆拥有的主流文化不是经过专家倡导和培育的。

2.图书馆文化的精心培育者

专家好比园丁,精心培育,勤劳耕作,才使得图书馆文化之花在图书馆的沃土上盛开。专家在培育图书馆文化的时候,一般均充当着"医生"的角色,从问题入手,因地制宜地推进图书馆文化建设。

3.图书馆文化建设方案的设计者

图书馆文化建设是一个系统工程,涉及很多内容,如制定图书馆文化战略,确定图书馆文化建设的目标;组织馆员、专家对图书馆文化进行科学定格;通过组织有效的文化传播及设计实施各种文化活动、礼仪,提高馆员对图书馆文化的认同度,营造良好的文化氛围;通过对机构和制度的文化整合与改造,使优秀文化渗透其中,强化文化的实践,促进文化的发展等。在这一系列工作中,专家是灵魂人物,在萌发构思、提炼升华、形成方案中,起着图书馆文化建设总设计师的作用。在图书馆文化建设取得成功经验的图书馆中,图书馆文化建设一定有

---

①范睿琦. 社会力量参与公共图书馆建设研究[D]. 哈尔滨:黑龙江大学,2019.

组织保证和规划保证,而专家多是图书馆文化建设领导小组(或委员会)的领头人和图书馆文化建设规划制订的负责人。

4.优秀图书馆文化的身体力行者

有了一个良好的图书馆文化的设计与构思,并不等于图书馆文化建设成功了,关键在于实施,在于"落地"。馆员往往不仅看领导者是怎么说的,更看领导者是怎么做的。尤其是当图书馆力推某种新文化或图书馆主流文化过弱的时候,更需要专家在积极倡导培育的同时,率先垂范,身体力行,用自己正确的言行、良好的工作作风和崭新的精神面貌影响企业馆员的思想和行为,担负起引导图书馆文化方向的重任。只有领导者带头,才能带出一种生机勃勃的、具有鲜明个性的图书馆文化。

5.图书馆文化转换和更新的推动者

生产力在社会发展中是最活跃的因素,图书馆是现代生产力的集结点。专家作为生产力的直接组织者,在带领馆员应用先进科学技术进行创新性经营过程中,会成为新的价值观念、思维方式和行为方式的实践者和创造者。由于专家的市场角色和在经营中的地位,容易发现图书馆现有文化存在的弊端,发现图书馆现有文化的冲突。因此,他们就成为向旧文化挑战,推进新文化,转换图书馆文化形态的关键人物。正是专家的这种角色功能,推动着图书馆文化的不断更新和进步,促使人们更加重视市场,重视价值规律,重视物质利益,带动全图书馆思想的活跃,形成创新、进取的精神。

二、专家精神与图书馆文化

(一)发扬专家精神的重要性

任何一个国家、一个民族、一个图书馆都有自己的精神,同样一个处于市场经济主角地位的专家阶层也有自己的精神。一般认为,专家精神是建立在专家阶层对市场经济本质的把握和对图书馆特征、价值的理解和认识基础上的,反映着专家在整个经营活动中的价值观念、工作准则和他对事业的追求。专家精神是市场经济社会商业文化的主调,是珍贵的文化资源。应该指出,当代中国的专家,在改革开放和发展市场经济中肩负着重要的历史使命。实现现代化的两大车轮(管理和技术)都需要专家去推动,经济体制的转轨、图书馆制度的创新、国际市场的开辟也寄希望于专家。所以,不断提高专家素质、在全社会弘扬专家精神,具有重要的现实意义和深远的历史意义。

从微观层面上说,专家精神对图书馆主流文化的形成有着直接影响。专家精神中这种创新、进取、敢冒风险的文化取向对图书馆文化的形成、发展或重塑起到导航作用,构成现代图书馆文化的核心内容。专家精神的体现者——专家,在经营实践中通过自己的权力和感召力,把他所提倡的这种观念传导给组织成员,通过自身的"英雄"形象和强者形象,感染馆员,使其产生对创新、进取与冒险精神的认同心理,从而提升图书馆文化的层次,为图书馆文化注入活力。当然,专家精神不是图书馆文化的全部。专家精神体现为专家阶层的文化特征,主要体现在经营创新和事业开拓方面的指导思想和哲学;图书馆文化作为一个整体的组织文化,是一个图书馆从事经营管理、处理内外各种关系等,所表现出来的价值观、行为准则,从文化外延上看要比专家精神大一些,因此,发扬专家精神不能代替图书馆文化建设。

(二)专家精神与专家的职业精神状态

专家精神是从专家特有的职业精神状态表现出来的,这种精神状态对图书馆文化风格的形成有直接影响。

第一,专家对自身的职业充满乐趣,激情满怀。他们有对成就、成功的体验,也经常面对失败、困境、压力与挑战。他们寓事业心于成就感之中,对公司的业绩的追求偏爱、向往,犹如科学家追逐真理、热爱发明一样,有时甚至有过之而无不及。

第二,专家有冷静的头脑、豁达的心胸、开阔的思路。当他们判定和审议投资机会、投资方向、投资项目时,可能理智得像机器人;当他们一旦下定了决心,瞄准了机会时,他们又会冲动、充满激情,忘我地投入,勇敢地前行。专家既善于沉思,又善于行动;既"固执己见",又灵活变通;既纵深思考,又思路开阔。

第三,专家长于跳跃式的不连续思维,经常提出出人意料的思路和见解。他们善于摆脱日常问题与活动,通过博览群书和丰富的想象来增加思想、增长智慧,并能把注意力集中在那些战略问题上。多数专家既富有人文科学工作者的想象,又具备自然科学工作者的周密与严谨。他们的思维具有高度的逻辑条理性,其创新方案一般具备可转换性和可操作性。

(三)专家精神的具体内涵

专家精神既是专家个人素质、信仰和行为的反映,又是专家对本企业生存、发展及未来命运所抱有的理想和信念。其内涵主要包括以下几点。

1.独具慧眼的创新精神

创新是一种新理论以及在这种新理论指导下的实践,是一种新思想以及在这种新思想指导下的图书馆行为,也是一种新的原则和方法以及在这种新的原则和方法指导下的具体活动。它是运用创造性思维方法,对旧事物的否定和对事物发展新途径、新方法、新技术、新手段的探索。专家的创新精神主要表现在专家对市场的敏锐观察和大胆突破,对技术和产品开发、对图书馆制度和组织的改造等方面。专家的创新精神是图书馆活力的源泉,也是图书馆谋求改变现状和实现快速发展的原动力。

2.敢担风险的开拓精神

这种精神是专家的内在品质。在科学技术迅猛发展,社会生产力迅速提高,市场竞争愈演愈烈的社会中,图书馆经营管理每时每刻都充满各种风险,如投资风险、市场风险、技术开发风险、财务风险、人事风险等,专家正是靠这种精神驱动,才敢于面对各种风险,承担风险,善于在风险中寻找机会,抓住机遇,开拓创新。

3.敢于拼搏的进取精神

专家是永不满足于现状的,总是以高昂的士气积极进取,具有向更高目标挑战的雄心壮志,这是所有成功专家的共同特质。

4.科学理性的实效精神

专家在组织生产经营过程中,往往表现出强烈的实效精神,讲究科学,实事求是,遵循经济规律,脚踏实地抓好经营管理,追求效益最佳化和效率的最大化。如果一个专家缺乏实效精神,只追求轰动效应,光讲投入不计产出,违背规律,必遭市场惩罚,专家也就失去了其应有的理性特质。

5.尊重人才的宽容精神

专家在管理过程中具有强烈的人本观念,尊重人、相信人、依靠人,以宽容的精神待人,即能以真诚、友善的态度对待员工、对待顾客、对待合作者、对待社会其他公众。宽容精神还表现在对下属工作失误的宽容,以及对馆员个性及缺点的宽容等。专家的宽容精神是图书馆会聚良才,产生内聚力和吸引力,实现事业创新的重要因素,也是图书馆赢得社会信赖不断走向成功的重要条件。

6.面向世界的竞争精神

专家在经营中敢于竞争、超越他人,这是天性。在经济全球化的环境里,图书馆资源配置远远冲破国家界限,转向区域化和全球市场,国际性市场竞争愈演愈烈。优秀的专家能以特有的世界目光,面向全球市场,积极投身于国际竞争舞台,扬长避短,发挥优势,在世界市场上争得一席之地。

7.热爱祖国的奉献精神

专家不仅对振兴民族经济和促进图书馆发展负有重大责任,而且对社会全面进步和人的全面发展负有社会责任;不仅热爱企业,而且具有强烈的爱国情结并把它转化成一种奉献精神,把自己的知识、智慧奉献给祖国。在市场经济条件下,专家的这种奉献精神,可以引导图书馆通过合法、诚实地经营获取正当的经济利益,正确处理好国家、集体和个人的关系,注重环境保护,热心公益事业,承担社会责任,促进社会文化进步。奉献精神是社会主义精神文明的本质要求,也是专家精神的最高境界。

三、建设高素质的专家队伍

专家作为时代的精英,是不发达经济环境中最稀有的资源;专家作为图书馆的掌舵人和文化的领航员,也是发育不成熟的图书馆最宝贵的资源。中国要迅速发展市场经济,造就具有全球竞争力的图书馆,必须在全社会培养一种专家精神,造就一支宏大的职业专家队伍。

(一)专家的职业素质和能力

专家素质是指专家本来的品质、特征、知识素养及在创新活动中表现出来的作风和能力的综合。专家的职业是一种既需要一定天赋又需要一定专业修养的,具有高度创造力的职业。对一个优秀的专家来说,需要哲学家的思维、经济学家的头脑、政治家的气魄、外交家的纵横、军事家的果敢、战略家的眼光。专家是一种不可多得的商业人才,对从事这一职业的人应有很高的素质和能力要求。

不少中国学者认为,专家应具备的素质应是"智、信、仁、勇、严"五个方面。智是指智谋高超;信是指赏罚有信;仁是指爱护士卒;勇是指勇敢坚定;严是指明法审令。笔者认为,专家应具备的基本素质和能力表现在以下四个方面。

1.基本职业追求

职业追求即专家用积极行动来争取成为图书馆经营管理的专家的志向和抱负。一个真正的专家,其职业追求应该是只求办实业,只想在企业界大显身手,把整个身心同图书馆联系在一起,不为各种荣誉所动心,不为各种仕途所吸引,把走实业道路作为一生最高尚的追求。回顾世界各国专家的成长道路,大凡成功者都有这种抱负和秉性。只有这种抱负和秉性,才能有坚强的事业心和责任感,才能不怕困难和挫折,激流勇进,勇往直前。

2.基本职业修养

职业修养即专家胜任自身的职业所必需的思想水平、专业知识水平及由此决定的职业品质特征等。它是专家素质的重要基础,没有良好的职业修养就像一幢大楼没有根基。

3.基本职业意识

职业意识即专家从事事业开拓和经营管理职业应具备的基本观念或指导思想。专家的职业意识除了专家精神中所蕴含的创新、冒险和竞争意识外,具体还包括:①发展意识,不像街头商贩和手工作坊那样单纯地追求一次性的眼前利益,而是具有强烈的谋求发展扩张意识,立足长远,追求战略利益;②客户意识,即坚持客户第一的理念,把为客户提供优质产品和服务作为经营的最根本指导思想;③负债经营意识,即敢于承担风险,承担压力,追求多投入多产出;④盈利意识,即在依法经营的前提下,追求利润最大化;⑤信誉意识,即把信用作为自身道德的底线,视信誉为自身的最佳资产。

4.基本职业能力

职业能力即专家胜任复杂的经营管理工作的特殊本领。由于专家从事的是一种比较特殊的社会实践活动,除了需要具备一般的如记忆、观察想象、抽象概括和表达等能力外,还需要具备一些特殊的技能和本领。具体表现为:①预见能力,即作为一个出色的战略家,能洞察内外环境变化,眼光盯着未来,审时度势,善于决策。②开拓能力,即在强烈的创新意识推动下,广开思路,善于想象、假设,进而开创新局面,寻找制胜途径。③决断能力,即在明辨是非,准确分析判断的基础上,办事勇敢果断,不拖泥带水,不优柔寡断。④组织指挥能力,即善于用人,善用人的一技之长;善于激励人,挖掘每个人的聪明才智;善于沟通,亲和馆员,与大家一起干;善于统御、控制,以自身的权力和威信,把个人意志、决策变成广大馆员的行动,以科学的管理实现既定的目标。⑤商业交往能力,即能协调,善表达,能说服人,在频繁的商业交往活动中,具备与不同的人相处的随机应变的艺术,善于发展同社会各界的关系,并能给人留下深刻而良好的印象。⑥反省能力,即对自身的所作所为能够反思、反省,及时总结经验教训,不断完善和提高自己。

(二)培养专家的有效机制

市场经济是专家诞生和成长的摇篮。从根本上讲,提高专家的素质与素养,强化专家精神,造就职业专家队伍,依赖于市场经济的充分发展。一个专家没有经历过市场上你死我活的竞争洗礼,正像一个军人没有参加过实战,不能成为一个骁勇善战的将军一样,也不可能成为出色的专家。当然,专家自身的自觉学习、修炼以及实践锻炼是不可缺少的。此外,还需要创造以下条件和机制。

第一,加速制度创新,建立清晰、多元化的产权结构。在推进图书馆制度创新过程中,厘清资本所有权与经营权的关系,取消图书馆的行政级别,使图书馆真正成为市场主体;保证专家能在遵守法规和市场规则的情况下自主决策、自主经营;加速产权的流动,推进股权多元化的进程;积极探索专家与管理层持股问题,强化专家的长期战略行为和履行对图书馆资产保值增值的责任。

第二,改变专家的形成与评价机制。现代图书馆制度建立以后,伴随着专家市场的不断发育,应尽快实现专家择业的市场化,流动的市场化,评价的市场化,收入的市场化。除少数国有独资图书馆以外,多数专家的产生不能由国家任命,只能凭自己的能力从竞争中脱颖而出;同时取消专家的行政级别和待遇,改变过去由国家考核专家的做法。专家是否称职,在他不违法前提下,在图书馆内部应主要由股东、董事会、监事会来评价,由图书馆馆员来评价;在图书馆外部主要由市场来评价,由用户来评价,由合作伙伴来评价。

第三,形成有效地对专家的激励机制与约束机制。专家在市场经济条件下是最稀有的市场"资源",其收入应体现市场供求规律。要重视专家激励,在保护他们的地位、名誉同时,其物质利益应与市场供求关系相联系,与他们所处的地位、贡献和所承担的风险相结合,与图书馆的经济效益挂钩。图书馆办好了,应承认专家的贡献,通过股票期权等形式在物质利益上给予充分体现。同时要通过科学的治理结构,形成有效的约束机制,约束专家的行为。图书馆没办好,要使专家承担责任,付出代价。当然,从总体来讲,要注意爱护专家,热忱地支持专家在改革中探索前进,不能因为经验不足而造成一时失误,就一损俱损,挫伤他们的积极性。

第四,加强对专家的培训。专家素质的提高离不开专业培训。高校和专门教育机构应积极引进发达国家培养 MBA、培训职业经理人的做法和经验,探索教育和培训规律,创造行之有效的教育和培训模式,力争在较短的时间内使中国的专家尽快熟悉和掌握市场运行的规则、新的法律法规及现代经营管理的知识,掌握国际贸易知识、惯例等,为他们驾驭图书馆、参与国际竞争奠定良好的基础。

第五,大力倡导和发扬专家精神。专家精神是专家基本素质的升华,是专家群体赖以生存的价值取向和精神支柱。只有大力倡导这种精神,才能使专家产生巨大的内驱力,自我激励,自我约束,自我完善,自我发展。同时,把这种精神传导给图书馆,有利于形成积极进取的图书馆文化;把这种精神传播到社会,可以促使整个社会价值观念与市场经济文化的融合,改变社会风气,促进社会文明的进步。

第五章　现代图书馆文化的具体建设

第一节　精神文化塑造与建设

一、图书馆价值观塑造

价值观不仅影响个人的行为,还影响着群体行为和整个组织行为。在同一客观条件下,由于人们的价值观不同,对于同一个事物就会产生不同的行为。在同一个组织中,有人注重工作成就,有人看重金钱报酬,有人重视地位权力,这种因价值观不同而产生的不同行为习惯使得个体在组织中的作用不同。同一个规章制度,如果两个人的价值观相反,那么就会采取完全相反的行为来执行制度,将对组织目标的实现起着完全不同的作用。因此在图书馆文化建设中,很多图书馆十分重视价值观的建设。他们认为,价值观的核心作用远远高于技术、制度和组织结构等的作用。树立明确的价值观,赋予图书馆价值观以生命,是图书馆必须解决的首要问题。

图书馆的价值观包含丰富的内容:人才观、财富观、时间观、质量观、服务观、信誉观、效益观、审美观、利益观、文明观等。但是由于图书馆文化的建设属个体行为,每个图书馆都建立自己的价值观。这些价值观尽管大同小异,但其中也不乏一些地方主义、狭隘主义的色彩。如同人类需要一个核心价值体系一样,图书馆界也需要核心价值体系来统领价值观。图书馆核心价值观是图书馆人所追求的事业和理想,是图书馆职业的共同基石和最高使命,其确立有助于图书馆馆员克服信心危机并提高图书馆馆员的自信心,有助于树立职业信念,并给图书馆馆员带来思想行为的判断标准。图书馆事业有了共同的价值观念,才能使组织成员在思想上保持一致,明确努力的目标和前进的方向。

图书馆价值观可分为核心价值观和非核心价值观。核心价值观是有关图书馆生存的核心理念,非核心价值观是指可以根据图书馆战略进行调整的理念①。

(一)图书馆核心价值的确定原则

1.恒定性原则

核心价值是基本价值,具有相对的恒定性。随着时代和环境的变迁,图书馆行业的次级价值、具体价值,乃至某些基本价值会有所变化和发展,但其核心价值应当是相对恒定的,始终保持在一个相对稳定的状态。图书馆核心价值的主体是图书馆职业,图书馆行业性质的稳定性也决定了图书馆核心价值的恒定,核心价值的改变意味着行业性质的改变。

2.独特性原则

图书馆核心价值是图书馆行业特有的价值内涵,是区别于其他组织或行业的标志,这是图书馆核心价值确立的基本原则。因为图书馆服务之于社会是独特的,不能被其他机构替代,图书馆职能只会不断深化。

3.统摄性原则

图书馆价值体系由图书馆领域多个价值所构成。这些价值在价值取向和价值精神上是一致的,并相互说明、支持和补充。但各个价值在体系中的地位和作用各不相同,核心价值应当是起主导作用的部分,对其他价值具有统摄性,是图书馆最高使命,在图书馆价值体系中居于主导和支配地位。

---

①周芳.高校图书馆和谐文化建设研究[D].衡阳:南华大学,2015.

4.理想性原则

图书馆核心价值是价值观,是图书馆人共同的职业理想,必须通过对历史和现实的抽象而提炼出来,因而应当是超越一定现实阶段的理想。这种理想状态导致理论思想和现实实践之间产生差距,而这种差距是推动实践向理想状态发展的动力。

（二）图书馆的核心价值观

数字时代的图书馆核心价值是:读者可公平取用信息;保障读者之隐私;民主;多元性;教育及终身学习;维护知识自由;公共资产;保存资源;馆员的专业性;服务民众;负有社会责任。

图书馆馆员和信息专家应共同拥有以下价值观:连接人与思想;确保自由开放地获取已记录知识、信息及创作作品;对文化和学习承担义务;尊重个性和人的差异性;让所有人自由地形成、保持和表达自己的信仰;保留人类记录;优化社区的专业性服务;构造推动这些价值观的同盟军。

（三）图书馆价值观的塑造

价值观是图书馆及全体员工共同拥有的指导图书馆工作的群体意识,在图书馆文化体系中处于核心地位,对于增强图书馆的凝聚力和竞争力至关重要,是图书馆活动的行动准则和指导思想。在精神文化层面,价值观念在导引人类文化心理机制中起核心作用。正因如此,当社会变革带来社会价值观念的嬗变时,由其引起的社会和心理震荡也是巨大的。价值体系在社会文化中的核心地位主要表现为社会行为导向的作用。

1.确立科学的价值观

无论是处在创业阶段,还是处在发展阶段或成熟阶段,任何图书馆都存在一个确定、调整价值观的问题。图书馆要根据它的性质、类型、社会职能、服务宗旨、奋斗目标等,确立科学、正确、与时俱进的价值观。图书馆价值观的确定既要考虑其存在的基础和客观依据,又要考虑员工的心理承受能力,保持适度的超前性。不同图书馆的价值观可能不尽相同,但都必须以图书馆核心价值观为基础。

2.对价值观进行倡导和宣传

在图书馆中,可以根据员工对价值观的态度将他们分为四种类型:遵守所有图书馆价值观的,是忠诚度最高的员工;只遵守图书馆核心价值观,而拒绝遵守那些不适合自己的非核心价值观的,是具有较强创新意识的员工;只接受非核心价值观,却不遵守核心价值观的,是"颠覆性的叛逆"状态的员工;而对价值观都排斥的人是完全与图书馆处于对抗状态的员工。

对这四种员工图书馆应采用不同的价值观渗透的方法。对忠诚度高的员工,图书馆价值观已经作为一种稳定因素对其行为起指导和控制作用,因此要树立他们为图书馆的榜样,号召全馆人员学习他们对价值观的态度;对创新意识强的员工,要想让他们从心理上接受、认同并内化那些非核心价值观,只能通过领导层不断地宣传,充分发挥图书馆忠诚员工的示范和表率作用,让他们热爱图书馆事业,这样在保持了他们的创新意识的同时,也让他们接受了图书馆的一些非核心价值观,他们会成为新时代图书馆文化建设的新生力量,绝不能采用简单的灌输法;图书馆的那些"颠覆性的叛逆"状态的员工,他们不接受图书馆的核心价值观是因为对图书馆事业没信心。应该通过宣传图书馆事业的成就引导他们的价值取向,使他们热爱图书馆事业,从而愿意接受图书馆的核心价值观;而对于与图书馆完全对立的员工,要通过具体的、生动的活动来强化他们的价值观。图书馆可以组织丰富多彩的文体活动来宣扬价值观。不接受所有的价值观,说明他们排斥一切说道的理论,只有在轻松的活动中来加深他们对图书馆价值观的认识、理解和印象。

二、图书馆精神培育

图书馆精神是图书馆文化的灵魂和支柱,图书馆精神能将图书馆各方面的力量集中到图书馆的发展目标上来,这有利于增强图书馆馆员工的凝聚力和向心力。图书馆精神培育一般要经历三个阶段,即图书馆精神的确认阶段、倡导阶段和深化阶段。

第一,确认阶段的任务是明确它的名称、内涵及其外延。对一个图书馆精神的确认,应在馆领导倡导下,采用上下结合、反复筛选概括的办法。经过反复征求意见,用简洁、感染力强、催人奋进的文字把图书馆精神表达出来。

第二,倡导阶段的任务是广泛宣传图书馆精神,使员工在思想上了解它、认识它,在行动上实践它。图书馆精神取决于图书馆价值观,是图书馆价值观的个性张扬,能够把抽象的价值观诠释、演绎为一种具体的信念,对增强图书馆的向心力和凝聚力,将图书馆各方面的力量集中到中心工作目标上来,起到重要的引导和激励作用。图书馆精神能够规范图书馆人员的具体行为,使其在实际的服务工作中达成共识,提高为读者服务的效果和效率。这种导向和规范作用,既可以通过规章制度、工作标准和工作目标等硬性管理手段加以实现,也可以通过群体氛围、传统习惯和舆论引导来实现。因此,图书馆要利用各种形式、各种活动来宣传、推广、倡导图书馆精神,通过领导示范和树立典型来鼓动、导向员工实践图书馆精神。

第三,深化阶段的任务是将图书馆精神人格化、具体化,并转化为员工的个体意识。图书馆精神的导向和规范作用在制约人的行为时具有深厚的感情色彩,对符合图书馆精神的好的行为,人们表示支持和赞扬,而对那些违背图书馆精神的劣行则表示反对和厌恶。图书馆担负着信息服务和信息资源建设的任务,这项任务完成的好与坏在很大程度上取决于馆内是否具有齐心协力、上下团结一致的精神,而这种精神类似于一种理性的黏合剂,它把馆内员工固定在同一信念目标上,沟通所有工作人员的思想,创造一个共同协作的氛围,把馆内各种力量汇聚到一个共同的方向,使图书馆整体产生强大的前进动力,最终使图书馆精神得以弘扬。因此在这一阶段,弘扬和实践图书馆精神不能是员工的被动、应付行为,而是员工的主动、自觉行为。

三、图书馆道德建设

图书馆要实现工作人员的行为和馆内所倡导的价值观和图书馆精神的统一,必须坚持道德的高标准,即崇尚高尚道德。只有通过图书馆的道德建设,才能使图书馆制定的行为规范和规则标准化,从而变成工作人员的无意识或潜意识行为,图书馆的价值观才能得以贯彻,图书馆精神才能得以弘扬。

图书馆道德中最重要的组成部分就是图书馆职业道德,很多研究者把图书馆道德等同于图书馆职业道德。图书馆职业道德是指图书馆、职工、读者以及周围社会环境之间相互关系的各种行为准则和规范的总和,包括职业责任、职业使命、职业良心、职业纪律、职业行为、职业荣誉等。它是围绕图书馆开展业务的全过程而生成、发展起来的,通过舆论和教育等方式影响图书馆馆员工的心理和意识。不带有强制性,且不以成文的形式促使图书馆馆员工形成信念等,并且成为约束图书馆及其员工行为的原则和规范。它是图书馆规章制度的有效补充,与制度相辅相成共同实现图书馆文化的约束功能。

图书馆馆员工的职业道德状况、职业道德修养程度,直接关系到图书馆馆员工为社会服务的质量和水平。在长期的实践中,图书馆总结出职业道德的具体内涵,包括:对文献爱护备至,积极利用;对读者满腔热忱,千方百计;对同事严于律己,顾全大局;对外部精诚合作,公平竞争等。很多图书馆为了使这些职业道德成为每个成员的一种自觉和一种本能,采取了许多有力的措施。比如管理者通过各种方法反复强调和宣讲,将服务用语、服务礼仪编成"馆操",使每个成员将道德准则化为一种自觉行为等。图书馆成员只有自觉地履行图书馆规定的准则和规范,其行为和图书馆价值观念才会真正统一起来。

第二节 管理文化建设

具有不同文化的图书馆,在管理上会采取不同的原则和方法,或者特殊地强调或突出一定的原则、要求和方法,从而使管理表现出不同的特色来。图书馆管理特色最能直接、全面地反映一个图书馆的个性和特殊性。通过把握图书馆管理特色,既可以把握图书馆的风格,还可以进一步把握图书馆文化的个性特征。图书馆文化的功能影响和作用的对象首先是人,即会影响图书馆人对图书馆的发展战略的确定,对图书馆使命和目标的理解。因此图书馆管理文化建设应从以下方面着手。

一、图书馆发展战略制定与实施

图书馆发展战略是关于图书馆长远发展的纲领,是图书馆基于自身状况和对未来环境变化的分析而制定的长远目标和对策,其目的是创造图书馆的未来。图书馆发展战略研究的核心内容是图书馆存在的目的、基本使命以及主要目标等根本性问题,这也正是图书馆文化研究的核心内容。

在 21 世纪信息化社会中适应良好的图书馆都首先处理好了图书馆文化与图书馆发展战略的关系。一方面,图书馆发展战略的选择必须以现有的图书馆文化为基础。图书馆文化从宏观的角度描述了图书馆馆员的价值观,图书馆馆员的社会责任,组织的行为规范,对员工、对读者、对社会的基本态度等问题,这些为图书馆制定发展战略和实施战略,提供了思想方法和行为方法;另一方面,图书馆文化需要以图书馆发展战略为指导,根据图书馆发展战略的要求,树立图书馆精神,或重塑、调整与健全图书馆精神,确立新观念、新意识,调整图书馆的价值观体系,继而影响图书馆文化中的行为文化。

（一）图书馆文化建设对图书馆发展战略的影响

在图书馆发展战略实施过程中，文化建设起着重要的作用。它可以成为发展战略的推动因素，但也可以对发展战略的执行起负面作用。

第一，图书馆文化建设为图书馆发展战略提供积极的动力。图书馆文化表现为图书馆成员共同的价值观，容易形成图书馆人的共同愿景，图书馆人的共同愿景就是图书馆的发展战略。有了共同愿景，图书馆人就有了奋斗目标，为了共同的目标，大家团结一致，形成一个凝聚力很强的团队，为图书馆在信息化社会的立足奠定了人的基础，提供了发展的原动力。

第二，图书馆文化建设是图书馆发展战略实施的关键。图书馆文化具有激励功能，能激发员工的工作热情，统一全体馆员的思想意识，从而使发展战略得到有效的贯彻和执行。图书馆管理中最重要的是对人的管理，这是传统图书馆向现代图书馆过渡的主要标志——从"书文化"转化为"以人为本"的文化，发展战略实施的过程客观要求一个高效的人力资源管理。而现代图书馆"以人为本"的图书馆文化给予了员工一个共同的价值观，使员工之间易于形成协同工作的内在动力，从而有助于整个图书馆发展战略的贯彻与实施。

第三，图书馆文化建设会适应和协调图书馆发展战略。图书馆文化和图书馆发展战略有共同关注和研究的内容，因此图书馆新的发展战略要求原有图书馆文化的配合与协调。但是由于图书馆组织中的原有文化具有相对的滞后性，很难马上对图书馆新发展战略作出积极的反应，因此图书馆内部的新旧文化必须相互协调，相互适应，为图书馆发展战略获得成功提供保证。图书馆在实施新的适应时代发展的战略时，可以根据管理和服务的需要，建立独特的"部落文化"，即图书馆部门文化，使服务具有一定的自主性和灵活性。

(二)图书馆使命的确立

图书馆使命定义可以帮助明确图书馆发展方向和图书馆核心业务。弄清图书馆目前是一个什么性质的组织,将来希望图书馆成为一个怎样的组织,以及如何才能体现出不同于其他组织的图书馆的显著特征,从而为图书馆资源配置、目标开发以及其他服务图书馆活动的管理提供依据,以保证整个图书馆在重大战略决策上做到思想统一、步调一致,充分发挥各方面力量的协同作用,提高整体的运行效率。从另一方面讲,图书馆的使命就是这个社会分工给图书馆所承担的历史责任和义务,是与图书馆职业意识同时产生的。因为如果意识到图书馆是一种职业,那么我们肯定会很清楚地意识到图书馆是促进人类知识交流和利用的社会分工部门。定义图书馆使命就是阐明图书馆的根本性质与存在的目的或理由,说明图书馆的性质和服务策略,为图书馆目标的确立与发展战略的制定提供依据。

图书馆在定义使命时必然要涉及社会责任,一个组织的存在必定有其社会责任,否则就没有存在的意义。简要地说,现代图书馆的使命可以大致分为三类:科学使命、人文使命和民主使命。其具体内容包括以下几方面。

1.科学使命

图书馆所承担的科学使命是指科学发展轨迹中图书馆应该发挥的作用及其所处地位,包括现代图书馆继承传统图书馆保存文献和科学知识的使命,支持现代图书馆科学技术研究、学术信息资源交流、实施终身教育等方面。

2.人文使命

人文主义的永恒价值观是自由、平等、人权。图书馆所承担的人文使命,就是要保证任何人在任何时候都有权利在人类共同的知识海洋中自由遨游。具体说来,图书馆首先保证所有的读者,尤其是社会弱势群体能够阅读图书馆的馆藏文献;其次图书馆有义务和责任推动公平信息社会和知识社会的建立和维护。

3.民主使命

这个使命在西方图书馆中体现得尤其明显。该使命是在自由主义影响下图书馆承担的新的历史责任。这种使命要求图书馆在业务中采用便于读者选择的开架阅览方式,而且坚决不会进行任何形式的文献审查。图书馆理应成为协助人类民主进程的重要推进器。

公共图书馆、研究机构和图书馆等所承担的使命是有区别的。公共图书馆更多地承担人文使命和民主使命,推动公平信息社会的形成,保存人类的任何知识记录;而图书馆和研究机构则更多地承担科学使命,即图书馆通过提供学术文献资源和支持学术研究活动,来促进国家图书馆科学研究水平和创新水平的提高①。

(三)图书馆目标的确立

图书馆目标是图书馆在一定时期内,依据图书馆使命,考虑到图书馆的内外环境和可能,沿其发展方向所要预期达到的理想成果,即图书馆的共同愿景。图书馆使命从总体上描述了图书馆的发展方向和服务范围,为指导图书馆开展各项业务活动提供了一个共同的主线。图书馆目标进一步对图书馆使命起具体化和明确化的作用。

将抽象的概念分解成可实现的行动目标,战略目标提供战略方案选择的依据,图书馆发展战略最终是达成战略目标而进行的规划。图书馆目标是图书馆管理活动的出发点和归宿点,因此它在管理中占有重要地位,能够发挥重要作用。图书馆目标除引领其发展战略外,还具有以下作用。

1.导向作用

能够为管理工作指明方向。由于管理是为了达到一定的目标而协调集体活动所做出的努力过程,如果不为达到一定的目标,就无须进行管理。目标不但规定预期结果,而且规定要想达到这一预期结果

①陈卓.信息时代公共图书馆文化管理策略探讨[J].中外企业家,2020(02):140.

的措施,因此在管理中目标既对人们总的努力方向起导向作用,又对人们的具体管理活动起明确方向的作用。

2.激励作用

目标对于图书馆馆员工具有激励作用。每个人都有成就感的需要,希望不断获得成功,而成功的标志就是达到预期的目标。目标的激励作用主要表现在三个方面。首先,在目标确定后,它能使人明确方向,看到前景,因而能起到鼓舞人心、振奋精神、激发斗志的作用;其次,在目标执行过程中,由于目标的制定都具有一定的超前性和挑战性,且在实际工作中必须通过一定的努力才能达到,因而有利于激发人们潜在的积极性和创造性;再次,在目标实现以后,由于人们的愿望和追求得到了实现,同时也看到了自己的预期结果和工作成绩,因而在心理上会产生一种成就感和满足感,这样就会激励人们以更大的热情和信心去承担新的任务,达到新的目标。要使图书馆目标对员工具有激励作用,目标首先要符合图书馆馆员工的需要,还要具有超前性和挑战性。

3.凝聚作用

图书馆是一个社会文化系统,依靠目标使全体成员团结起来的,因此图书馆的凝聚力受到多种因素的影响,其中一个主要因素就是图书馆目标。图书馆活动是一种共同的社会劳动。共同劳动就必然要有共同的目标,否则人们就难以形成共同协作的意愿和团结奋斗的集体。当图书馆目标充分体现或变成图书馆成员的共同利益和共同追求时,就能大大地激发全体成员的工作热情、献身精神和创造力。

4.评价作用

评价作用即为图书馆活动提供考核标准。目标不仅是各项管理工作的依据,而且也是评价各项管理工作成绩大小、质量高低的尺度。由于目标本身是可以考核的,且目标又是可以分解的,因此可据此对主管人员和员工的目标完成情况进行考核。

图书馆目标是图书馆观念形态的文化,对图书馆的全部管理活动和各种服务行为起导向作用。每一个图书馆为了自己存在的目的和所要完成的任务,都会制定相应的目标,图书馆确定其使命和宗旨,激发员工动力,集中意志向目标前进。

图书馆的实践活动,必须先在其制定的目标要求下实施驱动。比如图书馆的形象战略就是一种目标战略,是哲学和价值观的集中体现,可以使图书馆随条件和环境的变化而变化,合理调整整体目标,统筹图书馆的运作与服务,使图书馆在信息化社会立于不败之地。

因追求的目的不同,图书馆目标有各种类型。按图书馆内容划分,可分为总目标、分目标;按时间划分,可分为长期目标、中期目标和短期目标;按范围划分,有个人目标、部门目标和整体目标等。图书馆目标反映着图书馆从现在开始到未来某个时间点的大致战略走向和主要预期成效,给人以鼓舞和信心。管理者一旦把图书馆目标传达给员工,便成了图书馆人共同的目标,促使图书馆人相互配合、形成人际关系的向心力。

确定图书馆目标必须要从总体上体现图书馆的经营战略和服务内容,要有一定的超前性和竞争性,要处理好社会效益和图书馆效益的关系。考虑到图书馆目标的复杂性、动态性、现实性和可实现性来制定和贯彻目标,争取目标达到最优。

(四)图书馆发展战略的实施

一旦建立起图书馆的正确使命,确定了图书馆的短期、中期和长期目标,图书馆的发展战略也就得以确立,图书馆文化建设的最终目标就是实施这些高瞻远瞩的发展战略。以读者为导向的图书馆战略管理成功的关键在于如何发挥组织变革从而取得成功,这取决于是否具有主动变革能力的图书馆组织,也取决于图书馆馆员能否在事业的前景问题上达成一致,最好的方式就是规划共同愿景。

图书馆的共同愿景是告诉每一名馆员,"图书馆将成为什么样"的前景,它与战略目标相似却又不同于战略目标。对于图书馆成员来说,战略目标是全局的、长远性的,图书馆的发展战略是以全局为对象,根据图书馆总体发展的需要而制定的,它规定的是图书馆的总体行为,所追求的是图书馆的总体效果。而且是图书馆谋求长远发展,对未来较长时间内如何生存和发展的通盘筹划。而共同愿景明确告诉成员什么时间能达成什么具体目标。

所有图书馆都有自己的发展战略,这些发展战略有非正式的,不成形的,或是随机的,也有正式的。图书馆的共同愿景如其定义所指,是令所有成员所期望的、能让大家主动接收并为之奋斗的可以达成的战略目标,共同愿景是图书馆的灵魂和动力之源。员工认同图书馆的愿景,并将其与自身的人生规划合理地结合起来,这是图书馆文化建设的内在要求之一,也是员工关系管理的起点。没有共同的愿景,缺乏共同的信念,就没有内在的动力;不与人生规划合理地结合起来,个人就会缺乏奋斗的目标和现实动力。通过确立共同的愿景,牵引成员通过组织目标的实现,进而实现个体的目标,这是一个群体利益和个人目标实现双赢的过程。认同共同愿景的核心是认同图书馆的价值观,共同的价值观能够保障员工在行动中的一致性,并根据好恶作出有利的选择,是保障群体的凝聚性、向心力的基础。

随着社会不断发展与进步,图书馆以与时俱进的理念来不断地审视自己,提出了把图书馆建设成"世界级城市图书馆"的共同愿景。这个共同愿景建立起了全体馆员共同为之奋斗的事业目标,它激发馆员的热情、干劲,增强馆员的责任心,促使图书馆凝聚力和向心力的形成,为图书馆的生存和发展提供了长久的动力。

二、图书馆管理模式创新

加强图书馆管理,以管理促发展,以管理出效益,以管理出水平,是图书馆在信息化时代的内在需求,更是图书馆文化被重视和提出的新使命。进入21世纪,各国都陆续进入了信息化社会和知识经济时代,而信息化社会最主要的标志就是知识管理在各行各业的应用。在知识经济时代,国与国之间的竞争不再依赖土地、资源、人口、财富等因素,知识的产生、传播、积累、运用和创新将成为最有力的竞争因素。知识与文化是密切相连的,图书馆如果没有相应支持知识管理的文化调整,任何旨在创造、传递和应用知识的活动均无法取得成功。

图书馆文化对任何一个管理思想、管理方法和管理模式的形成都起着主导作用。这是因为图书馆的核心价值观决定了图书馆愿不愿意改进现有的管理方式,要不要实行管理创新,愿不愿意采用改善管理效率的新技术和新手段,愿不愿意在管理中实行"以人为本",重视人才,愿不愿意加强基础管理工作,塑造良好的图书馆形象等。图书馆文化建设就是要打破管理模式上的僵化,在管理模式上图书馆行业做了以下实践。

(一)改革创新

管理上的改革创新对一个图书馆来说尤为重要,它不仅为图书馆服务和技术创新提供良好的运行机制和生存环境,还能有效地规范图书馆的各种制度和标准,为图书馆发展创造良好的内部环境。把韦尔奇的管理模式与图书馆管理结合起来,并深入到管理实践中,对图书馆管理实行改革创新,是新世纪图书馆管理的一个新思路。

作为服务业的图书馆,虽然不同于企业,但它在很大程度上依赖于人的能动性、服务过程与服务质量。在信息技术飞速发展的当今社会,要有效地把握图书馆的服务质量和工作效率,使它充满活力。

随着全球各国的信息化社会进程,我国也已逐步步入信息化社会。在信息化社会,图书馆面临着空前的竞争:计算机网络和电子通信技术的发展模糊了行业的概念,各种信息咨询公司、网络内容提供商等介入,对图书馆构成了很大的威胁,使信息市场竞争格局发生了重大的变化。同时计算机网络技术的发展,使得信息的传递速度超乎寻常。由于网络信息流动性极强,资源的可获得性增强,其差异性在缩小,图书馆原有的资源优势也在削弱。另外,网络自身开放性、分布式的特点,既决定了用户地域分布的广泛性,又决定了用户群体性质的多样性,这些均直接导致处在不断变化之中的用户需求也始终是个性化、多样性的。而如何面对用户需求的繁杂、多样以及如此不稳定且难以预料的竞争格局,图书馆必须学会自如地应对这种变数。如何有效地应对全球一体化的竞争格局,全球化思维和与国际接轨已成为我国图书馆势在必行的举措。

图书馆的管理模式、馆内服务的运作机制如何与国际接轨,图书馆尽早实现国际上的资源共享等,是当代图书馆面临的巨大挑战。

(二)优化机制

图书馆文化建设对图书馆管理的促进不只是一方面,也不可能在一个专业领域孤立地进行,往往是牵一发而动全身的,对整个图书馆的管理机制也会产生影响。近年来专家提出的图书馆联盟就是一个很好的例证。

环境是组织生存的土壤。任何组织都是在一定环境中运作的,环境的特点及变化必然会对其组织结构及运作模式产生一定影响。而组织结构是图书馆运作管理各环节发挥正常作用的载体。合理的组织结构将为图书馆实现既定的目标,提供并建立有效运作的平台。

图书馆联盟战略的提出是图书馆组织结构创新性的发展,图书馆只有构成联盟,通过合作的方式,才能规避单一资源的不足,避免过度的竞争,与合作伙伴共享资源,优势互补,从而达到有效增强自身的竞争实力,在竞争中求得持续发展的目的。

图书馆联盟是指为了实现资源共享、利益互惠目的而组织起来的,以若干图书馆为主体,联合相关的信息资源系统,根据共同认定的协议和合同,按照统一的技术标准和工作程序,通过一定的信息传递结构,执行一项或多项合作项目的联合体。图书馆联盟是在现有图书馆异构基础上,基于互联网而形成的一个跨地域分布的网络化的虚拟组织。作为虚拟组织因其承担实体的功能,因此它可以实现地域乃至全国现有的资源共享。由于图书馆联盟的成员是相对独立和自治的实体,其固有的隶属关系不变,联盟成员之间的关系是平等、松散、契约式的,联盟的实际运作是通过相应的规范和协议来控制和协调的。成员在联盟范围内协调合作,通过对外部资源的有效集成和整合,来达到项目的快速实现。同时,图书馆联盟的组织结构具有动态、开放的特点,联盟成员自身具有绝对的独立性和自主性,这种动态的有自适应能力而随机组合的组织,具有动态业务流程重组和组织结构重组的能力。这种多样的共存的高柔性的组织结构提高了组织对不同需要、不同层次、不同单位的适应能力。

(三)知识管理

知识管理是经济全球化时代的产物,在企业管理活动中,产生了直接的经济效益。图书馆是储存知识的地方,更应当实行知识管理。知识管理的实行可以使图书馆明确知识是文献的灵魂,物质材料是承载知识的附着物这一理念。图书馆管理基础不仅是"文献",从本质上讲,图书馆管理的对象更应是知识。图书馆开发文献中的知识价值,促使其转化为社会效益是图书馆管理的基本任务。图书馆知识管理就是将知识管理的理念运用于图书馆的管理工作中,研究如何加强图书馆的知识积累和知识更新,发掘图书馆内在的智力资源和智力要素,从而有效地提高图书馆的竞争力和创新能力,实现可持续发展的目标。

图书馆有着几千年的悠久历史,丰富的馆藏文献收藏是其他任何信息机构所不具有的。因此要确定自身在信息社会的独特位置,最重要的就是立足于对系统性"知识"的开发利用,为社会营造良好的学习和创新知识的生态环境。知识与文化是密切相连的,如果不能相应的调整支持知识管理的文化建设,任何旨在创造、传递和应用知识的活动均无法取得成功。

知识管理作为图书馆管理的一种新方法,必须以相应的文化观念为指导,良好的文化氛围为条件,应建立融合人文精神、价值观念,行为准则、道德规范以及全体馆员真正责任感和荣誉感为一体的图书馆文化,并通过图书馆文化的辐射和传递作用,提高馆员的独立性和创造性,培养馆员的团队意识和知识共享意识,从而增强图书馆的凝聚力。

三、改善图书馆组织结构,架构合理的组织模式

图书馆组织属于图书馆管理的内容,为更好地发挥图书馆组织载体的功能,进行组织设计是必要的。组织设计是对组织活动和组织结构的设计过程,是把任务、权力和责任进行有效组合和协调的活动。组织设计的基本功能是协调组织中人员与任务之间的关系,使组织保持灵活性和适应性,从而最有效地实现组织目标。组织设计的结果不仅要形成一整套组织结构,还要建立一整套与之相适应的员工考核、评奖、选拔和发展的制度。组织设计应当与组织的战略目标、组织使命、发展愿景及组织中的人员相适应。因此组织设计要适应组织的工作任务和组织环境。不断变化的环境要求组织在结构方面保持更大的弹性,以适应环境的变化。

现在很多图书馆都在对组织结构进行重新设计,试行灵活的组织结构,对单个图书馆来说,很多图书馆开始试行业务流程重组和信息集群式服务模式。

(一)图书馆业务流程重组

图书馆业务流程重组是以读者需求为起点,以创造出对读者有价值的服务为终点的一系列活动,由一系列工作环节组成,业务流程重组有三条基本的指导思想。

第一,以读者为中心,以读者价值流为导向进行流程设计。图书馆服务的最终目标是实现特定的社会效益,因此业务流程重组必须优先考虑社会、读者需求。业务流程重组要求把图书馆工作重点放在最

大限度地满足读者的信息、知识需求上,坚持以读者为导向,按价值递增过程将相关的操作环节进行重新组合,组成高效率的、适应读者需要的完整业务流程,并以此为基础重新设计图书馆的组织结构,为读者提供有较高价值的图书馆信息。

第二,以馆员为重点,按照"合工"的思想重新设计业务流程。图书馆"合工"思想由管理学家哈默和钱皮针对亚当·斯密劳动分工原则渐显的不利因素而创造性地提出来的,其主导思想是将业务流程作为整体考虑,将原本属于一个业务流程的若干个独立操作重新整合起来,将被分割的业务流程按照全新的思路加以改造,从而获得适应新环境的高效率和高效益。

"合工"理论被融入图书馆流程重组实践,以读者为导向的流程再造,直接导致组织结构发生变化,扁平化成为组织结构新模式。业务流程重组后主要以团队小组为主,小组中的成员必须具备复合型人才的素质,需要具备全面的知识、技能、服务理念和敬业精神,这一客观要求推动馆员不断学习、实现挑战性目标。

第三,以效率和效益为目标,设计业务流程。流程重组关注流程之间的关联性,减少交叉的工作环节,这必将推动图书馆服务效率和效益的提高。图书馆业务流程重组使图书馆具备了灵活的组织结构,更好地体现了不同文化的图书馆个性化特征。

(二)图书馆信息集群

图书馆信息集群是大量图书馆及信息机构与组织按照一定的信息资源服务优势集中在特定的虚拟地域范围,按照一定的信息联系集中,打破现有各种联盟的形式和体制,按地域组成具有竞争优势,促进图书馆组织结构网络化、管理扁平化、决策实时化,各系统图书馆之间关系开放协调化,对信息资源按照科学方法和专业组成,进行序化分级,构成一个类似生物有机体的信息群落,形成强劲、持续发挥信息竞争优势的服务网络,运用柔性化的管理,满足个性化的用户信息需求,发挥强劲、持续信息服务优势的一种新的空间知识服务组织形式。集群内图书馆具有规模和分工合作关系的不同系统的图书馆,及机构、组织等成员之间,通过纵横交错的网络关系联系在一起,借助用户群体和信息服务主体之间的共同联合体虚拟服务平台进行广域性信息服务。

图书馆信息集群服务模式是一个具有资源共享、平台共建、知识共创的,以用户信息需求为中心的个性化高层次精确知识服务模式,它比图书馆联盟的理念更先进。图书馆联盟一般局限于条块分割的各系统之间的联合和信息资源共建共享,这种做法因为类型相同,任务大致相同,各类型图书馆从自身的利益出发,按条块建起各自的图书馆信息系统,既不能相互融合,又无法做到真正意义上的资源共享,图书馆实际上只是形成了一种集群分割的局面。只有在信息集群共同联合体服务平台上协同分工合作,整合不同类型图书馆的优势资源,进一步挖掘、揭示信息资源新的内涵和价值,才能全面又准确地满足各类型用户对信息的高层次需求。在这种分工合作的知识创新服务体系中,共享化的信息集群组织内的信息资源、人力资源、技术资源等和其他知识服务诸要素统筹运行,由此产生、获得的整体价值与效益远高于集群内成员单独一体的情况。可以说,信息集群中知识的获取、开发、利用和共享过程中形成的网络和联系是十分重要的战略资源,这使得原本一条图书馆单一的信息需求生产服务链提升成为一条多元立体互补的价值链。

四、图书馆人力资源建设

图书馆文化是运用文化特点和规律,以人的管理为中心,以提高人的素质和塑造图书馆的形象为基本形式,以提高图书馆的社会效益,增强生存能力为目的的管理理论、管理思想和管理方式。图书馆文化的任务是以人为本,充分考虑人的因素,发挥人的潜能,实现工作效率和竞争能力的提高,促进图书馆的繁荣和发展。因此图书馆文化建设和人力资源建设是密不可分的。

（一）图书馆文化是人力资源开发的关键性因素

图书馆是一个具有很强实践性的学术服务性机构，是由物质资源和人力资源构成，它需要一定的才能，承担其责任和义务。图书馆能力是指图书馆在完成读者服务活动中所具备的条件和实力。从物质资源方面看，各种文献载体、基础设施、现代技术设备、环境等是读者服务的必备条件，是反映服务能力的基本实力。虽然这些都是物质层面的，但都必须是由人来调整和支配的，因此人员素质的高低和能量的大小，决定着物的质量和可利用程度。从人力资源方面看，人是图书馆的主体、核心，是图书馆的活力所在，是在读者服务活动中最积极、最活跃的因素，是图书馆能力的最根本的力量。这种力量的集合在知识产品的组织、读者服务中产生深刻影响，是综合素质和实力的反映。因此图书馆人力资源的开发是非常有必要的。从企业文化对人力资源开发的影响可以看出，不同的文化观可以导致不同的人力资源观。建立积极向上的文化理念，注重团队精神，将图书馆事业推向成功的彼岸。

（二）图书馆文化是人力资源开发的理论依据

人自身文化素质的开发水平，人对组织文化的认同和理解程度，内在地制约着人的体能、智能和技能的发挥。因此，人力资源的文化开发是其他资源开发的基础和决定性因素。图书馆文化主张人本管理，注重人力资源文化潜质的培养和塑造，致力于人的思维和行为的关系探究，倾向于人的管理、服务、经营及一切社会行为的文化元素探索，力图从人作为文化主体与其思维和行为的关系中追溯出人力资源的经济生活、社会生活的文化逻辑起点与价值归宿，从而为图书馆、为信息社会乃至整个人类探索出一条既能张扬个性、发展人性，又能使图书馆的社会效益达到最好的文化途径。从这个意义上讲，图书馆文化是人力资源开发的基础理论。

图书馆文化作为人力资源开发的基本理论,主要体现在以下四个方面:人本基础论、群体和谐论、文化自觉论和价值主导论。这些理论贯穿于整个图书馆文化的研究体系。其中,人本基础论是人力资源开发的文化宝典,即以人为本的文化管理理念。群体和谐论是人力资源开发的文化优势,即指图书馆团队精神的建设。文化自觉论是人力资源开发的文化优势,体现于图书馆文化的潜移默化的影响功能之中。价值主导论是人力资源开发的文化核心,体现在价值观主导和支配图书馆文化其他要素的核心地位上。

(三)图书馆文化是人力资源开发的重要内容

人力资源的开发是发现、发展和充分利用存在于人身上的社会财富创造力的过程,其内容是多方面的。其中人力资源在文化范畴上的开发,是文化研究者们最关心的问题。人力资源的文化开发强调拓展人的精神文化潜能,是真正以人为本,由管理人走向善待人、培养开发人的能力,最大限度地满足人的物质、精神文化需求,实现个人价值和组织价值的人力资源开发的高级层次。人力资源的文化开发是图书馆长期的目标和最重要的内容,图书馆作为意识形态的文化,是一定社会政治和经济的反映,又给予一定社会政治和经济以巨大的作用和影响。图书馆文化只是整个人类社会文化大系统的一个子系统,一定的图书馆文化是时代精神、民族精神,以及社会文化在图书馆的特殊组合,其内核是价值观和图书馆精神。图书馆文化所形成的思想观念、行为方式、价值准则、道德规范、心理态势、知识体系等精神财富对图书馆的发展和能力建设的价值是不可低估的,它对图书馆的影响也是巨大的。因此,人力资源的文化开发是一种积极的文化管理方式,包括一切影响到图书馆、员工和用户之间关系的管理决策和行为,是文化管理的重要组成部分,因此说,图书馆文化是人力资源开发的重要内容。

(四)图书馆文化是人力资源开发的重要途径

图书馆文化强调图书馆馆员共同的信念、价值观、目标理想,共同愿景,共同的图书馆作风和形象等。图书馆文化是一个新概念,说它新,是因为它作为一个管理理念的新。文化存在于图书馆中上千年,潜移默化地影响了无数人,但是直到它在企业管理中发挥出其巨大的影响力之后才被图书馆界重视。从企业文化对企业管理的影响和作用,以及许多企业的文化管理成功经验中,图书馆可以找出在新的信息时代谋求新的发展道路,即图书馆要建立一个明确的图书馆文化,如一致的价值观、一致的理念,作为管理和员工行事的重要依据。

图书馆文化之所以是人力资源开发的重要途径,是因为图书馆文化强调图书馆的个性特征,不同的图书馆有不同的个性,管理理念和方法也不能全部生搬硬套。但每个不同的图书馆个性特征中都有一个共同的管理理念,即"以人为本"的管理思想。图书馆文化强调对图书馆馆员工和用户的价值观、人生观和专业技能等的具体塑造。而且有助于确立大的经营战略和服务方针,从改变人的观念入手,以各种途径和方法来调动人们的积极性和创造性。

五、图书馆核心竞争力开发

为谋求图书馆更好地发展,近年来"核心竞争力"理论也被引入图书馆学,成为图书馆界热衷研究的对象。图书馆核心竞争力是从企业核心竞争力中引申出来的概念,我国学者从不同角度对图书馆核心竞争力概念进行了研究,也形成了各种不同的观点。最具代表性的概念是认为图书馆核心竞争力是以知识、技术为基础的综合能力,是图书馆赖以生存和稳定发展的根基,是图书馆所具有并可为图书馆带来竞争优势的特定能力的有机组合。它通过图书馆的产品和服务体现出来,主要表现为领先于竞争对手的技术,和体现这一技术的持续改进的新产品和新服务方式,领先于图书馆竞争对手的管理氛围和价值观念,迅速地适应环境的变化并不断强化、改善的能力。

核心竞争力由两个基本要素组成:比较优势和竞争优势。比较优势和资源有关,是指本地区或组织所独具的资源与有利条件。比较优势对核心竞争力的主要贡献表现在造成了某种差异性,如形成特色产品,从而能在竞争中获得较大的差别利益,但有比较优势却不一定能够形成优势竞争力。竞争优势和资源利用有关,是指在竞争中相比于竞争对手的更强的能力与素质,强调的是一个图书馆地区或组织的内生能力,特别是创新力。相对于比较优势,其在核心竞争力中的地位也更重要。这主要是因为基本要素在经济发展中的作用不断下降,而科学技术和知识经济的发展,使高级图书馆要素(如知识、人才、信息、智力)的作用上升。

图书馆的核心竞争力是图书馆在社会中的独特竞争优势,是维持图书馆存在和保障图书馆发展的独特的、外界不易掌控的能力。图书馆在人才、知识信息资源及图书馆现代化处理设备方面,相对于别的信息服务部门来说具有很强的优势。图书馆的文献信息资源、人力资源、业务技术能力和创新能力、优质服务、图书馆文化都应当是核心竞争力的有机组成部分。图书馆核心竞争力的关键是人,是图书馆各类专门人才汇集的团队,是团队所具有的学习能力,是将学习所获的知识用于工作实践并使图书馆保持与时俱进的能力。图书馆的核心竞争力还应该是指图书馆能够及时掌握并适应用户需求变化的趋势,经过长期精心培育建立起来的独特的差别优势,并能增强图书馆在信息服务业中竞争实力的关键能力。

第三节 服务文化建设

图书馆服务文化是指全体馆员在工作、学习、娱乐及为读者提供服务等过程中所产生的活动文化,如图书馆运营、图书馆教育宣传、人际关系活动、文娱体育活动等。它是图书馆运营作风、精神面貌、人际关系的动态体现,也是图书馆精神、图书馆价值观的折射,是图书馆的显性文化。一个图书馆文化建设的好坏,第一印象就是图书馆的行为文化,图书馆的行为文化中,最显性的当属服务文化。服务是图书馆永恒的主题,建设好服务文化,就建设好了图书馆的行为文化,一切行为文化以服务文化为基础[①]。

一、服务理念

图书馆服务应当坚持以读者为本,将读者的需求放在图书馆各种服务活动的首位,主动开发读者的潜在需要,最大限度地为读者提供优质、高效的服务,让读者高兴而来,满意而归,营造宁静舒适、和谐愉悦的人性化文化氛围。

(一)尊重理解读者

读者是图书馆的服务对象,是图书馆赖以生存的基础。要赢得读者,就要尊重读者、理解读者、信任读者、爱护读者,对读者实施人文关怀、人文援助,体现"以人为本"的人文理念。首先,图书馆馆员要从自己的一言一行中体现对读者的尊重和信任;其次,图书馆要为读者提供更多自由自主的空间,尊重读者的权利;最后,要从制度的层次体现对读者的关怀。让读者在愉快自主的心态下获取信息,与读者建立一种平等亲切、和谐融洽的关系,让读者在和谐轻松、赏心悦目的阅读环境中享受图书馆文化。

(二)平等对待读者

每个读者都平等地享有在图书馆阅读的权利,图书馆馆员要尊重读者的权利,平等真诚地对待每一个读者。对于有违规行为的读者,注重引导教育,避免惩罚,杜绝盛气凌人,让所有走进图书馆的读者都能感受到浓浓的图书馆文化的气息。

---

①田静. 公共数字文化建设中图书馆创新服务研究[J]. 智库时代,2019(47):16-17.

二、服务内容

图书馆的服务内容范围广泛,尤其在开放、智能、多元的信息时代,图书馆的服务范围涵盖更广。信息时代的到来,为图书馆的发展提出了严峻的考验,网络海量的信息为人们获取信息提供了极大的便利,造成了读者的大量流失,因此图书馆必须为读者提供更加人性化的服务,才能留住读者。

(一)温情服务

数字资源的增多,使图书馆信息资源更加丰富多彩。再加上各馆为方便读者,都延长了开馆时间,读者长时间地学习阅览,易造成大脑、视觉和身体上的困顿和疲乏,因此图书馆从人本思想出发,为读者提供人性化服务。如为读者提供休闲娱乐场所,增设餐饮服务,提供饮水机和纸杯,也可开设图书超市和文化用品超市,为读者提供多点式、小面积、舒适、温馨的全方位人性化温情服务;在阅览室设置"国际角",准备一些各国原版的图书、杂志和报纸,为外国读者以及本国外语水平高的读者提供服务;安排各种公益性活动,如名家讲座、电影放送、音乐欣赏,让人们享受图书馆的温情服务;把现代化信息服务直接送到读者手中,在部分席位上安装电脑、提供网络接入服务等,创设幽雅、祥和、舒适的图书馆文化。

(二)和谐服务

和谐服务是一种人性化的知识服务,其本质是在了解用户信息需求的前提下,利用馆员的隐性知识和技术能力,对馆藏信息资源进行抽取、分析、重组、整合,为用户提供经过深层加工、高度浓缩、具有独特价值的个性化深层次增值服务,更为科学、高效、友善、和谐地满足用户个体信息需求。如图书馆为用户提供个性化信息查询服务、个性化信息推荐服务、个性化知识决策服务等,用户均可通过电话、电子邮件、多媒体等得到人性化服务。

（三）特色服务

数字时代竞争激烈，要使图书馆立于不败之地，必须以人为本，创设自己的服务特色。特色服务种类繁多，如建立本馆的特色馆藏，提供特色服务、根据地域特色开展特色服务、借助本馆的人才优势和技术设备开展特色服务等。通过这些开放型、主动型、针对型、多样型特色服务模式体现出图书馆的生命力，展现图书馆的人性化服务宗旨。在当前的全球政治经济一体化环境下，只有打造自身服务特色，才能创造出最佳的社会效益和经济效益。

（四）创新服务

信息技术的广泛应用，数字资源的增加，使图书馆必须积极开拓新的服务领域，及时更新服务手段，为读者提供全方位、多层次的人性化创新服务，实现文献资源的自由化，信息资源的国际共享化。创新服务具体包括以下几个方面。

第一，技术创新。如建立多媒体图书馆，专业数据库等信息服务，用多媒体电脑控制一系列多媒体设备，对各种文字、图形、图像、声音、视频等信息媒体进行处理、传递、存取，为读者创建图文并茂、内容丰富、音响逼真、色彩自然、图书馆交织共融的高级视听环境。导读工作也随着网络技术的应用有所拓展，建立导读系统，利用搜索引擎对丰富的网络信息资源进行分类、整序、链接，建立信息导航库，引导读者正确检索网络信息，在网上编制导读书目，开设新书通报专栏，将网上的优秀作品向读者推荐。

第二，管理创新。即突破传统的部门管理和层次分明的图书馆管理体制，实施多功能"一体化"管理以读者的需求及其图书馆自身的发展为目标，实现信息共享"一体化"、如开展信息增值、跨图书馆库检索、馆际互借等服务，实现不同文献资源之间的沟通，最大限度地保持知识体系的完整性，提高读者利用信息资源的效率。

第三，模式创新。信息是一种财富，图书馆收集、整理文献，对原始文献进行信息加工,这是一项复杂的脑力劳动,有其自身的价值存在。突破传统的面对面服务模式,在网上开设读者指南、图书馆在线咨询、网上培训等业务,利用网络环境,开展网上提问与解答,24小时不间断地为读者提供高质量的参考咨询和培训服务,方便读者的同时及时接受读者的反馈信息,调整思路,改进不足并纠正错误。

三、服务行为

图书馆是一种高层次的文化或信息服务机构,也是社会主义精神文明建设的一扇窗口。馆员的个体形象代表图书馆的整体形象,必须要从本行业的特点出发,针对馆员的思想、道德、文化及年龄结构的实际,通过多样化渠道加强对一线馆员的培养和教育,做好礼仪培训,规范其职业行为,促进整体素质的提高。首先要统一着装、仪容整洁、态度和蔼、目光和善、话语亲切、举止得体、热情周到、操作规范、坚持原则。此外,还要加强与兄弟单位的交流与合作,定期对自身的服务工作开展自查自纠,从图书馆中找出不足,制定服务文化建设的近期目标和长远规划,不断完善服务并满足不同层次的读者需求。

四、服务文化

服务是人与人之间的文化沟通,文化是服务的不竭之源,服务有了文化的支撑,就会越做越活、越做越实、越做越有品位;服务一旦内化为员工的心理需求,员工的积极性和创造性就会被持续不断地激发出来,使服务走向规范化、常态化,而且能创新服务、快乐服务。服务文化一旦确立,就能使服务从制度的层面,完成文化和观念上的整合,充分发挥服务文化的辐射力、陶冶力和推动力,不断提升服务的品位。员工的情操和素质在优质服务中得到陶冶、净化和提高,读者在优质服务中受到感染,得到愉悦和满足,使图书馆在优质服务中健康持续发展。造就图书馆服务文化,使服务走向全员,提升到文化层面,渗透到图书馆所有活动中,让图书馆成为服务读者的温馨家园。服务文化主要表现在以下几方面。

(一)服务礼仪文化

微笑服务是最基本的服务礼仪,这是所有服务行业倡导的服务规范,图书馆更不能例外。因为读书要有个好心情,微笑服务能使读者产生愉悦感,同时馆员也能从读者的愉悦反馈中产生被人认可的工作乐趣。衣饰、举止、谈吐也是服务礼仪的重要组成部分,馆员以其整洁的衣饰、得体的举止、文雅的谈吐以及和蔼的态度,使读者在得到服务的同时,还得到美的享受,提升图书馆文化的品味和格调。因此图书馆可以通过制作统一的馆服、规范礼貌用语和行为方式等途径,来全面提升图书馆的服务礼仪文化。

(二)服务艺术文化

任何一种服务都是一门艺术。图书馆也要创造自己的服务艺术,也就是创造自己的服务特色。服务人员要熟悉馆藏及其分布,当回答读者咨询时,可以如数家珍、举一反三。还要研究与分析读者心理,以便合情、合理、合境地解决读者提出或遇及的问题。

(三)服务品牌文化

服务行业一般都非常注重培养本行业的服务品牌。图书馆也可以塑造自己的服务明星,树立图书馆服务的品牌形象。榜样的力量是无穷的,如果说价值观念是图书馆文化的灵魂,那么,榜样则是这种价值观念的化身。他们为图书馆馆员提供了有形的学习楷模和鲜活的样板,以生动具体的形象体现了图书馆文化的精髓,把抽象的精神层面文化具体化,对图书馆文化的成型与强化起着重要作用。

图书馆的服务品牌形象分为个体形象和整体形象。个体品牌形象是通过发掘图书馆和培养部分馆员,要求包括以下几点:一是思想品质好,工作勤恳,具有开拓进取精神;二是具有良好的职业道德,言行规范;三是有能力担负起图书馆现代化建设、服务和管理的重任;四是文献信息知识结构合理,专业方向明确;五是具有较高的计算机、外语和通信技术等方面的技能；六是具有较强的语言表达能力、写作能力和交际能力等。另外，在读者中享有赞誉的馆员，他们代表图书馆文化的伦理，是图书馆文化的支柱和希望，表彰和宣传他们的精神业绩，会影响和鼓舞一大批馆员，提高图书馆的知名度，对外作为服务品牌的宣传形象，对内作为全馆学习的楷模，达到互帮互学、提高图书馆整体服务水平，并最终树立起图书馆整体品牌形象的目的。

第六章　现代图书馆文化建设的创新

第一节　图书馆文化创新机制

一、图书馆创新文化的定义和内涵

近几年来,随着创新文化研究的深入,对于什么是创新文化,不同的学者给出了不同的见解。原清华大学校长顾秉林认为:创新文化是以创新为主导价值观,其精神层、制度层、物质层等要素均有利于创新行为的文化体系,具有开放性、多样性、和谐性等特征。

中国社会科学院哲学研究所金吾伦研究员认为,创新文化是指与创新相关的文化形态。它主要涉及两个方面:一是文化对创新的作用,二是如何营造一种有利于创新的文化氛围。创新文化分为内在文化和外在文化。内在文化就是观念文化,外在文化即是制度文化。观念文化与制度文化构成了创新文化的基本内容,两种文化从不同的方向作用于创新活动。创新文化建设也就是观念文化与制度文化的建设,建设的目的是促进从事创新活动的人们更有效地获取知识、创造知识和应用知识,提升他们的创新能力与创新绩效。

基于这些认识,笔者认为:图书馆创新文化是指与图书馆创新相关的文化形态,它是一种通过创新谋求图书馆竞争优势以及获得可持续发展的价值、行为与制度体系。它实质上是创新理念、方法、手段、技术与服务在图书馆物质文化、制度文化与图书馆精神文化中的具体表现与作用。其中,服务创新是精神文化,是图书馆创新和发展的核心和最终归宿。

二、图书馆创新机制的组成和体系构建

"创新文化"不是空中楼阁,需要"创新管理体系"等创新机制来实现。创新文化淡薄、缺乏创新机制将导致创新能力不足。营造图书馆创新文化必须以构建和完善创新机制为基础。所谓图书馆创新机制,就是图书馆不断追求创新的内在机能和相应的运转方式。创新活动是一个螺旋式上升的循环过程。图书馆作为一种组织机构,同企业一样,其创新机制的构建也是一项系统工程。图书馆创新机制体系可以认为是在创新战略指导下的动力机制、运行机制和发展机制三个子系统交互作用的一个有机系统,这三者构成图书馆组织创新机制的三大要素,这是图书馆创新有效运作的基本要素。

(一)图书馆创新的动力机制

图书馆创新动力指对图书馆创新行为产生较大影响或形成"动力场"的诸多内外因素。图书馆创新动力机制是指能够推动图书馆创新实现优质、高效运行并为达到预定目标提供激励的一种机制,它是图书馆创新的动力来源和作用方式。图书馆创新动力机制的作用,就是激发图书馆职工创新的积极性,推动图书馆创新的有效运行。一般来说,图书馆创新由用户需求拉动、信息技术推动、业界竞争促进和政策激励四种动力推进①。

1.用户需求拉动

网络环境下用户行为和需求发生变化,社会读者越来越熟悉和习惯利用网络,而且越来越自主、自助利用网络。在网络技术飞速发展的时代,人类进入了"学习化社会",用户需求多元化,从单一的人机对话发展为多向的人机对话和人际交流。交互式、主动性和个性化是现阶段用户需求的主要特点,社会需求和用户需求是创新发展活动的动

①陈艳.图书馆文化传承机制与创新服务探究[J].文化产业,2018(19):47-48.

力源泉,是创新发展活动的基本起点。图书馆通过自己的某种独特性或某一特色服务,在同行中形成差别优势,即品牌。图书馆要强化"以人为本"的服务理念,为用户营造一个和谐温馨、生机勃勃的人文环境,只有品牌服务、个性化服务,才能使图书馆充满生机活力。用户需求引导的创新主要是服务创新。

2.信息技术推动

信息技术发展日新月异,越来越多的计算机科学技术和网络通信技术直接作用于服务领域,网络环境下信息资源载体多样化,信息资源建设发生变化,从而促使图书馆不断采用先进科技进行适用性创新。仅有用户需求,没有信息技术的保障,图书馆的技术创新是无法实现的。信息技术发展是推动图书馆创新的另一个决定性力量。

3.外部机构竞争促进

图书馆正处于21世纪的十字路口。社会的信息化和信息服务的社会化,对图书馆的生存和发展提出了严峻挑战。这突出表现在两个方面:①信息和知识成为重要生产力,成为经济增长的杠杆和核心。随着信息社会化需求的增多,新增的信息服务行业和机构也不断增多。②图书馆传统的、浅层次的文献服务已不能满足读者日益个性化、特色化信息需求,图书馆的主导地位日益削弱;相反,社会上各种信息服务机构如数据库生产厂商和网上书店等以其灵活有效的服务机制,迅速占领信息服务市场,不断削弱图书馆的信息服务地位,图书馆面临着严峻的挑战。

4.政策激励

激励机制是是组织常用的互动机制,员工激励是人力资源管理的一个重要内容。许多管理者都希望在组织中实施有效的激励政策,来提高员工工作的积极性,从而提高整个组织的效率。激励不是外界刺激,而是员工对外界刺激的反映。是否对员工产生了激励,取决于激励政策是否能满足员工的需要,所以说,激励来自于员工的需求,也就是内因。政策激励分为两个方面：一是国家或政府的政策推进图书馆机构的创新活动；二是在本图书馆内，制定各种激发员工创新积极性、鼓励员工创新的政策和措施来推进图书馆不断创新发展。

图书馆中的激励机制可以分为内部报酬和外部报酬两大类。内部报酬是无形的，是员工在图书馆创新活动中所获得的满足，包括：参与决策、较大的责任、有趣的体验等。外部报酬通常是有形的，是由图书馆管理者所控制和分配的，如物质奖励、外出学习、晋升等。对于以非营利为目的的图书馆来说，以上四种创新动力最终可归结为追求图书馆自身社会效益的最大化，维持图书馆的长期生存和不断发展，维护图书馆信息服务和知识服务的品牌形象。而要使图书馆创新具有强大的动力源泉，必须营造、培育和建设图书馆创新文化，形成以创新为特色的图书馆精神。

（二）图书馆创新运行机制

图书馆创新运行机制主要包括创新管理的组织机构、运行程序和管理制度。一个良好的创新运行机制，能够使图书馆创新活动在正确决策下得以持续不断地高质量、高效率地运行。

关于图书馆创新管理的组织机构，笔者提出如下设想：①建立一个全国图书馆创新管理中心组织，负责组织、协调各级图书馆在创新管理和实施方面的工作；②各级图书馆以及各个图书馆应对其管辖范围内的创新管理工作负有责任，并设立一个特定的部门（如办公室或参考咨询部）来收集、处理和管理新思想；③定期出版图书馆有关创新刊物和使用指南等资料，报道先进的创新活动。

关于图书馆的运行程序，一般来说，创新过程由四个阶段组成：启动阶段（感性阶段）规划阶段（概念化阶段）、实施与控制阶段、项目的收尾和维护阶段。在感性阶段，创新只是一个思想。图书馆必须为创新者创造一个良好的创新思想产生环境，其中最重要的是要为创新者提供两类资源：时间和信息。概念化阶段是论证、拟定创新报告，这一报告将提交给馆长。实施阶段是将创新思想付诸实践的过程,是创新活动得以实现的重要环节。项目的收尾和维护阶段是验收和反馈的过程;项目的后续维护期的工作,将是保证项目能够为图书馆中的重要业务提供服务的基础,也是使项目产生效益的阶段。

图书馆创新运行机制的管理制度主要是制度创新和管理创新。创新制度是创新及创新行为的制度保障。制度创新就是实现制度的变革,通过调整和优化工作人员和用户之间的关系,不断调整组织结构、权责关系、运行规划、管理规章等制度、使内部各要素合理配置并发挥最大限度的效能。而管理创新主要包括两点:其一,从"以物为中心"的"刚性管理"向"以人为中心"的"柔性管理"转变;其二,发展技术,建设文化,走向理性与非理性文化管理的融合。

(三)图书馆创新发展机制

图书馆创新发展机制是指在创新产生的社会效益驱动下,图书馆充分挖掘利用和发展内部资源并广泛吸纳外部资源,加强人才、技术、资金、信息等资源储备,不断提升图书馆信息和知识服务的质量,不断谋求创新发展的机制。图书馆要能够不断地创新,就要有资源的储备和积累机制,处理好近期发展和长远发展的关系。具体表现在以下三个方面。

1.人才方面——图书馆馆员创新,创新队伍建设

在人才上,要牢固树立知识价值观念和"人本观念",图书馆要努力创造条件,引进和培养技术人才,在工作和生活上给予他们优厚的待遇,真正做到尊重知识、尊重人才。只有图书馆馆员自身素质提高了,才有创新的愿望和追求,才有创新的智慧和本领。图书馆创新人才的培养应终身化,对创新人才的激励应具体化。让图书馆成为"学习型图书馆",让馆员不断获取知识,发挥知识团体的整合效应。图书馆要建立人才的知识更新机制,对创新人才通过不同的方式方法进行再教育,甚至到先进国家或先进图书馆学习取经。

2.技术方面——技术创新

技术创新是图书馆创新的核心和基础,技术创新首先需要增强图书馆馆员对信息技术的重要性的认识,跟踪信息技术的最新发展动态,积极了解国内外其它图书馆技术应用的新进展、新趋势,调查技术的发展方向。图书馆的技术创新主要体现在:开发以计算机网络技术、多媒体技术、现代通信技术、超文本等具有时代意义的新技术,为知识传播的现代化和图书馆的网络电子化、社会普及化、信息产业化的知识信息数据库提供技术保障;可以尝试用网播系统、在线会议系统等新技术建立学科化知识服务平台,加强数字参考咨询服务,促进知识的有效传播、转移和共享。

另外,还应千方百计地寻求资金上的多方支持,必须重视资金的稳定投入和联盟运营机制(如集团采购等)建设。没有资金上的保障,图书馆的技术创新将无从谈起。

3.服务方面——服务创新

服务创新是图书馆创新的核心和关键。其他一切创新都是为服务创新创造必要的条件和保障,并围绕着服务创新来进行,直接或间接地促进服务创新的展开。泛在知识环境下,服务对象发生了变化,图书馆的读者已不是原来的固定区域内的图书馆读者,网络用户成为图书馆读者的重要组成部分;同时,图书馆原有读者不断流失。故相应地图书馆的服务方式、手段和服务内容也要随着进行创新。

(1)主动服务、个性化的网络服务

现代信息技术的不断提高,促进了图书馆的服务方式进一步向多样化方向发展。服务方式创新可以利用现代网络平台,提供各种数据库服务以及多种在线服务或者离线信息服务。如E—mail、BBS、信息推送、网络呼叫、智能代理、实时咨询、个性化链接、My Library等。这些服务方式方法具有较强的智能性、实时性、交互性等特征,能够提供个性化服务的图书馆通过E—mail、BBS、个性化链接等方式,主动与读者交流,并根据需要提供信息资源。同时可开展全方位的信息服务,举办各种学术论坛和报告会、学术会议、信息发布会等;开展文献资源利用培训班和讲座等活动,将服务方式的创新提高到新的水平。

（2）信息共享空间（IC）

IC是将"信息共享空间（Information Commons，IC）"和"创新社区（Innovation Community，IC）"以相互促进的乘法关系结合起来,强化学术创新支持与文化素养拓展,从而形成平方级的服务效能提升。大学图书馆的虚拟学习中心或知识社区均有支持高等教育中的互动交流和协作学习的创新功能,为学习型社会的建设创造了一个强有力的环境和平台。

（3）参与科学研究

参与科学研究主要表现在三个方面:①参与到科研过程中去。在积极主动为科研提供资料和数据,如开展定题服务、专题服务、科研查新等服务的同时,要为科研的开题提出建议,参与实际的科研过程。②参与到高校科研成果转化的中介服务中去。成立一个类似于资讯服务中心的机构,把企业的需求信息和学校的科研成果联系起来,一方面为企业提供市场行情、新产品、新成果等商业信息;另一方面又可为科研成果找到商家,加速转化。这是一个很难的课题,但这也是图书馆求得更大发展的机遇。③加强图书馆自身的学术研究。

图书馆的动力机制、运行机制和发展机制三种机制,不是简单的叠加,而是相互有机联系在一起,由内外动力有效运行、不断发展三个方面的机制构成一种图书馆创新活动不断循环增值的新机制系统,并贯穿于图书馆创新的整个过程,形成创新文化。反过来,创新文化对创新机制具有引导作用。图书馆只有建立起了这种有效的创新机制,才会促进图书馆的蓬勃发展、长盛不衰。

第二节　现代图书馆文化创新

　　创新是时代的呼唤、现实的要求,也是图书馆求生存发展的必由之路。作为图书馆发展本源的图书馆文化更是需要不断创新,唯有不断创新的图书馆文化,才是有生命力的文化,才能保证图书馆在信息化社会和大信息市场的竞争中保持超前的战略、先进的技术、适应时代的图书馆核心价值观和精神以及一个勇于创新的人才队伍。也唯有不断创新的图书馆文化,才能保证图书馆内部的团结和向上的工作热情、紧密的团队精神和凝聚力,从而保证图书馆的可持续发展。

　　图书馆文化创新,是指为了使图书馆的发展与环境相匹配,根据本身的性质和特点形成体现图书馆共同价值观的图书馆文化,并不断以提高图书馆文化绩效为目标进行图书馆文化的创新和发展的活动与过程。图书馆文化创新的实质是要重构图书馆文化中的精神文化,突破与图书馆管理实际脱节的僵化的文化理念和观点的束缚,使图书馆和员工的精神能量得到充分的释放和发挥,实现向贯穿于全部创新过程的新型经营管理方式的转变。

一、创新图书馆文化价值观念

　　在图书馆中,信息资源是基础,人力资源是本体,而文化是灵魂,价值观念是图书馆文化的核心,是图书馆一切活动的灵魂,它为图书馆生存和发展提供了基本方向和行动指南,既能影响和规范人的行为,协调人际关系,增强凝聚力,培育团队精神,又能统一思想,形成共识,引导馆员走向共同的目标。所以,图书馆文化创新的根本所在就是要大力培植先进的图书馆价值观。当前图书馆的先进价值观包括以下几方面。

（一）可持续发展观念

坚持可持续发展观,是图书馆文化建设得以全面、协调、可持续发展的根本保障,要从广大信息用户的根本利益出发谋发展、促发展,切实保证用户权益,最大限度地满足用户需要;要从国情和"馆情"出发,以图书馆传统文化为基础,在继承和创新中不断发展图书馆文化;要促进图书馆与用户的和谐气氛,倡导图书馆与用户共同创造新型图书馆文化。

（二）图书馆大文化观念

图书馆文化建设关乎图书馆界整体的全局性利益。当前,我们要确立图书馆联盟意识,以有利于图书馆文化建设的共同利益和整体发展为共同原则,做好分工协调,做好图书馆界大联合、大整合,形成图书馆联盟。

（三）人本观念

图书馆的一切活动都是围绕着人而开展,坚持以人为本,就是要搞好图书馆的人才建设和用户服务工作,做好馆内人才管理、激励人才积极性,培养一批敢想敢干、敢于创新而又懂得现代图书馆文化的优秀人才,全心全意把用户服务工作做好。

（四）"用户第一、服务至上"的图书馆价值观念

这是图书馆公认的价值观,是图书馆赖以生存和发展的根本保障,是图书馆组织一切活动的总原则。它意味着图书馆必须以用户为导向,把满足用户的多层次需求视为图书馆的最终目标。

（五）不断创新的图书馆价值观

图书馆具有创新文化的社会功能。一方面图书馆本身具有对文化更新、创造的作用;另一方面图书馆工作通过对文化的积淀、传播和优化,促进文化的更新、创造,形成新的知识和新的发明,促进社会进步和发展。图书馆充当的是知识交流中介的作用,它通过文献的传递与利用,实现知识的输入、贮存和输出,将知识的生产者和知识的利用

者联系起来,在用户消化、吸收了图书馆所提供的文献知识,并将它运用于生产后,知识转化为新的生产力。新的生产力继而推动科学文化的进步,并在更高层次上促进人类知识的充实、创造。因为如此的循环反复,所以人类知识不断完善、更新,社会文化也随之不断地发展变化。不断创新的图书馆价值观为图书馆文化创新提供了丰饶的土壤。

二、创新图书馆文化精神

图书馆文化精神是图书馆中占主导地位的管理意识,能够规范图书馆领导及馆内工作人员的具体行为,使馆内工作人员在实际的服务工作中达成共识,从而大大提高为用户服务的效果和效率。因此图书馆文化精神对馆内工作人员行为具有导向和规范作用。图书馆文化精神的导向和规范作用在制约人的行为时具有深厚的感情色彩,因为这种作用可以通过规章制度、工作标准和工作目标等硬性管理手段加以实现,也可以通过群体氛围、传统习惯和舆论引导来实现。馆内工作人员如果做出违反图书馆文化精神的事,就会受到制度惩罚、舆论谴责,本人也会感到内疚,产生情感压力,进而进行自我调节,修正自己的行为。

图书馆文化精神是一种理性的黏合剂,它把馆内员工固定在同一信念上,以其大量微妙的方式沟通所有工作人员的思想,创造一个共同协作的环境,把馆内各种力量汇聚到一个共同的方向,使图书馆整体产生强大的前进动力,最终使图书馆文化精神得以弘扬。

图书馆文化精神从确定到弘扬,需要一个认同—服从—内化的过程。认同是图书馆全体工作人员对图书馆文化精神有了某种认识,有了某些自觉成分,但认识与自觉的程度往往不深,在行动上往往有反复;服从只能使图书馆全体工作人员的观念和行为趋向于图书馆精神所要求的意识行为,带有较明显的强制性;而只有内化,才能使图书馆全体工作人员具有与图书馆精神情感一体的认识行为,自觉而主动地发挥图书馆文化精神,做到自己管理自己、自己控制自己。要较好地完成这一过程,图书馆就必须要注意不断创新图书馆文化精神,使图书馆文化精神具有时代特色,更能为广大馆员所接受,得到广大员工的认同,使他们自觉服从,并内化为自觉遵守的行为准则。我国图书馆文化建设的创新和发展特别需要一种图书馆精神。这种精神,就是敬业爱业、忠于职守的态度;敢于创新、开拓进取的坚定志向;不怕困难、攀登高峰的勇气;自强不息、无私奉献、高风亮节的精神。

三、创新图书馆文化环境

图书馆文化环境创新包括以下几方面。

(一)事业发展模式创新

社会化是信息化社会图书馆事业的发展模式,图书馆的社会化包括办馆方式、管理方式和服务方式三个方面。信息是一种财富,图书馆收集、整理文献,对原始文献进行信息加工,这是一项复杂的脑力劳动,有其自身的价值存在。在当前的市场经济条件下,只有融合"事业"与"产业"有机结合的运作模式,打造自身服务特色,才能创造出最佳的社会效益和经济效益。在管理方式上要突破传统的部门管理和层次分明的管理体制,实施以用户的需求以及自身的发展为目标,实现信息共享"一体化"。目前图书馆界,特别是公共图书馆界正在加速这种社会化进程[1]。

(二)图书馆建筑文化创新

信息时代图书馆的建筑,强调功能,注重实用,突出建筑风格和文化品位,体现人本精神和开放观念。进入信息化社会,许多图书馆的旧建筑功能已不能满足新技术的需求,各地开始纷纷建立新的图书馆。新技术应用的考虑应该放在第一位,但图书馆的最终目的是让用户来使用的,所以应当围绕着"人"来建设图书馆建筑文化,创造有利于工作人员工作、有利于管理人员管理、有利于用户阅览和获取信息

---

① 刘聪尧. 公共图书馆的文化传承与创新——论现代图书馆传统性与数字化的融合发展[J]. 艺术百家,2014,30(S1):72-73+101.

的内外优美环境。现在的很多图书馆在建设时都充分考虑了绿化、减少污染、室内网线布设、用户休息空间等人性化的布置,甚至有的图书馆还考虑到雨水、废水回收利用等,充分体现了低碳社会的要求。

(三)图书馆结构创新

图书馆结构主要由组织结构、内部基本制度结构、资源结构三方面组成。

第一,组织结构创新。图书馆的组织结构中有不适合信息时代要求的成分存在,这些不利于图书馆文化建设。新时期,很多图书馆对本馆进行重新定位,确定新时期的新任务、新目标,从实际出发,制定合理的创新方案。这些创新方案尽量减少管理层次和中间环节,缩小部门界限,保障组织结构的集成化、智能化和灵活性,符合信息化时代对组织结构的要求。

第二,内部基本制度创新。图书馆为了应对信息时代和图书馆文化创新建设的挑战,必须重新整合我们的基本制度,创建一种有利于吸收人才、知识创新、服务创新的新制度,新制度必须实行真正的而不是形式上的以目标、责任、能力为基础的工作岗位责任制,和以工作态度、工作时间、完成任务的数量和质量为主要标准的绩效评价和奖罚制度。

第三,资源结构创新。在人力资源管理上,实行能者上、庸者下以及人性化、个性化管理,让每位馆员都有实现自身价值的满足感,建立一支年龄、学历、职称配置合理的人才队伍。

(四)业务建设和技术创新

在新信息时代,面对用户信息需求的多样化和个性化,原有的业务建设已不能满足用户的需求,要进行业务创新和技术创新。业务创新就是对原有的业务内容进行调整,或逐步淘汰,或推陈出新,不断创造新的业务生长点,不断提升新的业务运作手段。技术创新就是建立多媒体图书馆,以多媒体电脑,控制一系列多媒体设备,对各种文字、图形、图像、声音、视频等信息媒体进行处理、传递、存取,为用户创建图文并茂、音响逼真、色彩自然的高级视听环境。技术创新还可以让图书馆利用新技术深层开发用户所需的信息资源,满足用户的个性化需求。

(五)学术研究创新

图书馆文化建设在创新和发展过程中,必然面临着许多新矛盾和新问题,迫切需要开展图书馆文化建设的新理论、新方法、新政策和现代化等课题的全面研究,必须充分利用各种资源,通过多种途径做好学术研究创新工作,如定期不定期召开学术会议,鼓励在职人员攻读硕士、博士学位,组织系统研究高校图书馆创新文化建设的重大理论课题和科学技术课题等。

四、创新图书馆形象

要充分发挥图书馆文化的综合效应,必须高度重视高校图书馆"造型",着手于形象创新。图书馆形象是图书馆文化精神的重要内容,是图书馆的无形财富和宝贵资源。它是图书馆文化精神的外显形态,既是图书馆文化精神的一个组成部分,又是图书馆文化精神的载体。从客观上讲,它反映的是图书馆自身的特征和状况,是一种存在;从主观上讲,它反映的是广大读者对图书馆的认识和评价,是一种观念意识。图书馆要把塑造良好的图书馆形象作为高校图书馆服务的目标和对外宣传的目标,图书馆形象是由其环境、馆藏资源、服务方式、服务效果、公共关系以及管理人员、工作人员等具体因素构成的,因此是具体的,是可以进行分步骤、分阶段地创新的。创新可以将理念识别系统、行为识别系统和视觉识别系统整合成为一个系统,进一步导入以用户满意为核心的战略,形成一个立意更高、内涵更丰富、形象更具体的CIS战略体系。创新塑造出来的良好图书馆形象,可以将图书馆信息资源、人力资源和文化三者融为一体,紧密联系,形神兼备,对图书馆事业的发展形成新的推动力。

五、创新图书馆文化管理

要提高图书馆文化建设的有效性,必须从中国的国情和图书馆的性质、特点出发,做好图书馆文化建设和具体管理相结合,力求管理创新。我们说图书馆文化是一种新的管理方式,但若不把它与图书馆的发展战略、内部管理和具体的服务内容有机地结合起来,文化只能是一种抽象的概念,可能图书馆文化只能成为一句空喊的口号或者贴在墙上的"宗旨"。将图书馆文化的创新与图书馆管理的创新统一于图书馆的再造工程,从"抓图书馆文化建设就是抓图书馆管理的提升"的角度认识图书馆文化建设,努力挖掘图书馆管理中的文化潜力,促使文化观念转化为管理实践,转化为管理制度和工作中的操作程序,增强管理中的"文化含量",通过管理创新使图书馆文化与图书馆管理成为一个有机的体系。图书馆文化建设包括图书馆文化的目标管理、过程管理和成果管理三个阶段,这三个阶段没有明显的区分界限,可能会在一个不断地树立目标,进行过程管理和成果检验的动态的过程中,通过对图书馆文化管理的创新,开拓出图书馆文化的新功能,创造出图书馆文化的新效应,保持图书馆文化建设与管理的整合,将刚性的管理制度和柔性的文化导向有机地融为一体,使"制度育人"和"文化育人"在图书馆文化创新的实践中互相交融。

六、创新图书馆文化建设方法

要激发图书馆文化建设的活力,必须有创新图书馆文化建设的方法和手段。中国的改革开放在各个方面都成果显著,对人思想观念的影响也非常之大,一些旧的古板的做事方法在管理中已不能起到很好的调适作用,说话做事得讲求技巧和艺术,得有吸引人眼球的东西来进行图书馆文化建设。如要改变"单一形式、单一渠道"的格局,摒弃旧的被时代淘汰的方法,就要根据中国先进文化的发展趋势和图书馆文化的内容,创造出健康向上、丰富多彩、小型多样、让员工们喜闻乐见的新形式、新方法,以满足不同层次员工文化生活的需要。新形式、新方法一定要从实际出发,避免"假大空",否则会引起反作用。

从成功的企业文化建设实践中,我们可以借鉴一些颇有成效的方法,如疏导启迪法、情理交融法、典型示范法、形象养育法、员工联谊法等。通过这些方法,使图书馆馆员工形成并获得方向感、信任感、成就感、温暖感、舒适感与实惠感,促进图书馆内部员工之间的相互沟通、相互理解、相互信任、相互尊重,共同营造一种良性的图书馆内部人际关系。

七、创新图书馆学习氛围

优秀的图书馆文化倡导终身学习,将学习作为丰富发展文化的基本条件。因此学习型组织与图书馆文化是密切相关的,在知识经济已经成为潮流的当今时代,人类知识总量是成百倍,成千倍增长的,一个人在学校里学到的东西只能占到走入社会所需要知识的10%左右,还有90%需要在职场上通过再教育和再学习来实现。"学习、学习、再学习",是知识经济时代人们生存,不被社会淘汰的座右铭。"活到老,学到老"不再是一句口号,而是一件实实在在的事,学得越多,就越能了解到自己的无知。因而,一个人想要保持永恒的卓越,只有不断地学习,才能拥有旺盛的生命力。

图书馆组织学习就是图书馆形成一定的体制来鼓励个人学习及其学习行动,将个体学习与图书馆整体行动有机地结合起来,营造一个良好的学习氛围来促进个体学习的热情,开展图书馆培训活动来帮助个体学习等。学习型图书馆可以在一定程度上丰富和发展图书馆文化,因此,要实现图书馆文化的创新,必须将目标定位于建立学习型图书馆上。要转变传统的思维模式和管理模式,实现由原来的"制度+控制使人勤奋工作"向"学习+激励使人创造性地工作"转变。根据学习型图书馆的模式组织创新图书馆服务,通过建立共同愿景和改善思维模式的修炼,使图书馆馆员的个人价值和图书馆的目标、价值整合在一起。以促进馆员思维方式的转变,提升图书馆文化。再通过系统的提炼和推广,使图书馆文化建设的新成果不断渗透到图书馆所提供的各种信息和产品中,以发挥图书馆文化建设的综合效应。以创建学习型图书馆作为图书馆文化创新的新目标,将使图书馆建设进入可持续发展的轨道。

第三节 生态文化与现代图书馆创新文化

如今,人类已进入了一个追求"可持续发展"和建立"生态文化"的时代,所谓生态文化,是指人类在实践活动中保护生态环境、追求生态平衡的一切活动及其成果。生态文化是从人统治自然的文化过渡到人与自然和谐发展的文化。这是人的价值观念根本的转变,这种转变决定了人类的价值取向由以人为中心转向人与自然和谐发展。生态文化重要的特点在于用生态学的基本观点去观察现实事物,解释现实社会,处理现实问题,运用科学的态度去认识生态学的研究途径和基本观点,建立科学的生态思维理论。通过认识和实践,形成经济学和生态学相结合的生态化理论。生态化理论的形成,使人们在现实生活中逐步增加生态保护的色彩。生态科学理论已渗透到现代社会经济各个领域。因此图书馆界也开始研究运用生态学原理,促进图书馆文化生态化的新路子。生态化的图书馆创新文化,有助于促进图书馆的可持续发展。

一、生态文化是人类文化发展的新阶段

自从有了人类,便产生了以人类的社会活动为核心的文化,因为人是以文化的方式生存和发展着。人类文化经历了三种不同的发展阶段,并表现出了三种不同的形态:绝对的以自然为中心的"原始文化"、绝对的以人为中心的"人本文化",和追求人与自然互利互惠、协调发展的"生态文化"。人类之所以需要创建新的生态文化,缘于工业

文化所造成的日益加深的全球性生态危机。人类活动所引发的各种自然灾害和生态灾难,使人们越来越清醒地认识到:人类如果不彻底改变征服自然的态度,不改变以牺牲生态环境来开发自然的生产方式,不改变奢侈浪费的生活方式,不改变损害生态环境的社会制度,就不可能长期有效地阻止地球生态的失衡。现在人类已经意识到自己的行为损害了人与自然的和谐,为了解决以上那些问题,弥补自己的过失,人类在发展进程中开始尝试一些生态化的实践运动,通过这些实践,人类正在力图建构一种新的文化形态,即生态文化。实践证实这确实是一种睿智的做法。因为,只有当绝大多数社会都建立起了生态文明的社会,地球生物圈的健康和安全才能得到真正恢复,人类的生存也才能够得以长期持续。

生态文化是一种人与自然协调持续发展的新型文化,是人类从古到今认识和探索自然界的高级形式体现,它代表了人与自然环境关系演进的潮流。它与传统的人本文化有着本质的区别,是对传统的人本文化的一种变革和扬弃。从人统治自然的文化,转向尊重自然和人与自然和谐发展的文化,目标是形成"人—社会—自然"和谐发展的复合式生态系统。

人类思维方式的改变必然引发人类行为的变革,整体的生态学思维将代替机械论的分析思维,生态学思维会让每一个社会成员的生态文化教养贯彻到建设生态文明的具体生活行为中。也就是说,地球的生态危机仍然处于人类物质开发活动日益加强的严重威胁之下。社会中每一个人实际的衣食住行都影响着对自然资源现实的开发利用,不同的物质消费方式对生态环境都会带来不同的影响结果。因此,人们必须改变那种奢侈的物质生活方式,降低物质生活标准,倡导物耗少、能耗低、有利于环境的低碳生活[①]。

---

①彭爱姣,喻莉萍,周菊峰.图书馆在生态文化建设中的作用[J].科技情报开发与经济,2013,23(16):64-66.

二、图书馆生态文化是图书馆的创新文化

生态文化已经突破了单纯的环境科学并且扩展到了人类学、社会学以至整个人文社会科学,渗透进人们生活的各个方面。它反映了一个事实:全新的生态化社会正在形成,图书馆作为社会大系统的子系统,必然也存在自身的生态文化。20世纪50年代开始,传统工业化发展模式的弊端逐步显现出来,全球性环境问题日渐突出,人们开始重新审视自己的行为,对人与自然、人与人之间的关系开始挖掘更深层次的认识,开始从生态文化的视角思考问题,人类文化逐步由科学文化向生态文化转化。传统的思想观念也相应的发生了一系列变革,人们开始遵循"多价值管理"的途径,形成新的可持续发展观。在人类新文化发展中,人类的社会实践应当既对人类有利,也对自然界有利,这便是可持续发展观。

从一定意义上说,可持续发展即为人的生存与发展的文化战略,可持续发展观实际上是一项包括经济可持续发展、社会可持续发展、生态可持续发展所构成的系统性的整体结构性发展观。就其精神文化实质而言,这种系统性发展观又具体表现为物质文明、精神文明和生态文明三个文明在内的协调建设与整体性推进上。可持续发展观的形成,人类文化对生态文明的追求等,必将引发人们资源观念的变革。图书馆是文化的产物,其发生、发展是受社会经济、政治影响的,是人类古代为保存文献、传播知识,而现代为整合和传播信息而建立起来的文化机构。图书馆文化是图书馆管理运作的机制,是运作过程中所形成的精神、制度和服务形象。图书馆生态文化的系统强调一定程度的自组性和人的主体性,把信息服务与环境作为一个交互作用的网状立体、作为一个整体,注重和谐与整合,使图书馆受到良好的"生态气候的湿润"。

(一)图书馆生态文化改革了图书馆的信息观

传统的科学影响着人们的思维,自然也会影响着人们获取信息的

思想、方法和手段。信息是描述事物的动态概念，从物质世界与物质领域来看，信息是无始无终的，是可以识别、转换、超空间传递、共享的，从哲学的本质上看，信息是物质和精神发生关系的中间介质。

传统的图书馆对信息的处理和传送具有明显的机械论色彩，在传播的过程中有意识地引导用户，这对用户正确使用图书馆，在海量的信息中快速高效地找到自己所需信息当然起到了很好的引导作用，但同时，这种行为也使用户难以体会到前辈和先驱的知识发现与探索过程，不能较全面地了解文化和科学思想的反复上升式的发展过程，以及各学科之间横向交织的广泛联系，缺少一个对知识整体网络结构的把握。为了克服这种机械论的信息观，图书馆应树立与生态文化相适应的信息观。

生态文化认为，人类生态系统是一种富有弹性和代谢性的有机整体，它以整体的方式不断调节着其内部的运行机制和同环境的相互关系，并保持着一种动态的、相对的平衡，负载着人类社会向前发展。因此生态系统是一个浑然一体的体系，其中的知识和信息都是系统中的必要组成部分，因此生态化新的信息观应当把信息看作是网状的，而不是孤立的系统。信息系统是由多种交互作用的要素组成的，观察者、学习者处于这一网络之中而非网络之外，图书馆馆员也处于网络之中，引导观察者和学习者找到正确的路径，将知者与需求者交织在一起，在这一过程中，馆员们应遵循客观性的原则，尽管这些客观性被赋予了某种主观意义，但是比起机械论来，这些主观因素已经对受信者的学习无碍。

生态化信息观是在传统信息观的基础上，增加了以信息促进社会、经济、环境全面进步与协调发展的内涵，是人类站在可持续发展的战略高度对信息内涵的揭示。可持续发展的信息观要求我们改变传统的生产方式和消费方式，要求我们在生产中少投入、多产出，在消费中多利用、少排放，纠正那种靠高消耗、高投入、高污染和高消费带动和刺激单纯经济增长和物质财富积累的发展模式。可持续发展的信息观建立在人类与自然平等的基础之上,使得人类的发展与自然的进化在一种制衡关系中相互促进,共同发展。在这样一个平等、有序、高效的大环境中,图书馆事业必将得到持续发展。

(二)图书馆生态文化旨在营造和谐的文化氛围

现代生态学追求人与自然的和谐共建,着眼于解决环境、资源、发展问题,目的在于通过生态环境的优化,使资源得到充分利用,实现最大的生态功能。图书馆源于文化,惠及文化,在发展过程中又形成了自己的文化,这些文化特色,规定着图书馆的形象,影响了图书馆的发展。而这些文化特色就是图书馆的文化氛围,如果历久积淀的虽不见诸文字却弥漫于整个图书馆的舆论氛围和为多数人所认同的行为原则是和谐的、健康向上的,那么生活、学习在这一文化共同体中的个体,将受益无穷。

图书馆的文化氛围是与社会文化密切相关的,它与社会文化的关系是一个双向交流的过程,一定时期的图书馆文化,总是借鉴了历史和现实社会大系统的各种成果,图书馆文化是从属于社会文化的一种"亚文化",当社会文化发生变革时,作为亚文化的图书馆文化也必然从这种变革中吸取新的因素。

21世纪的社会大文化是追求生态文明的文化,图书馆就应从可持续发展的角度,顺应知识经济时代的要求,营造和谐的文化氛围,追求人与自然和谐共进的目标。从生态文化的角度来看,图书馆应建立绿色人际关系,即人与人相互关心、和谐合作、协同进步的生态环境;在图书馆环境建设中,无论是馆址,还是图书馆的场地建设,都应首先遵从"一切以人的健康"为中心思想。朝着最有利于用户和馆员健康以及最有利于人类生态环境保护的方向努力。这也是可持续发展思想在图书馆环境中的深刻体现;图书馆设备中的"生态文化",主要表现在图书馆设备的材料和能源消耗方面既不污染环境,也不过度地消耗能源。如图书馆采用节能的照明设施,书架等设备采用环保材料等。

21世纪的中国建立了许多绿色的、生态的图书馆。成功的图书馆最大的秘密就是有一种积极向上的精神,在现阶段,这种精神就是可持续发展的生态文化观,只有灌输了这种积极向上、与时俱进的精神,图书馆的一切才有了生气,成为积极的发展因素。可以说为图书馆提供和谐的物质和精神文化氛围,是图书馆的发展趋势。

(三)图书馆生态文化致力于构建良好的学术生态

与人类文化同步发展的图书馆,在保存、积累、传递人类智慧方面具有独特的地位和作用,对现代文化的繁荣与发展,更具有直接的影响力和广泛的作用。可以说,现代社会的每一个进步,都是与图书馆紧密相连的。图书馆虽说是存贮知识的宝库,但是它不是一般意义上的仓库,它具有学术性,图书馆的学术性在经典的图书馆基本理论教材上都有论述。

图书馆是整个科学研究系统中的一个子系统,图书馆工作本身就是一种学术活动,图书馆的工作人员,有很大一部分是属于科技人员。图书馆生态文化应该致力于营造良好的学术生态,从而促进社会的可持续发展。

图书馆的学术生态建设应秉承学术自由的理念,学术自由是图书馆生态中核心的生态因子,因为自由的学术氛围是孕育自然科学与社会科学创新思维的土壤。没有学术自由,就不会有学术创新。21世纪的图书馆生态文化建设就是要建立一个富于自由精神的学术殿堂,为创新人才的脱颖而出、为学术大师的涌现提供无限的发展空间。

(四)图书馆生态文化要加大对社会的辐射力度

图书馆对社会辐射的功能是其主要社会功能之一。图书馆以其丰富的内涵和优质的服务向社会辐射丰富的知识和高尚的精神。而且伴随着网络与信息技术的发展,图书馆的辐射力在不断加强,数字图书馆的出现以及与互联网实现连接本身也代表着图书馆走向了社会,实现了对社会的开放,而这种开放是图书馆加强社会辐射力的前提。图书馆从社会的边缘走向社会的中心,成为推动社会全面进步的重要力量。

图书馆生态文化改变了人们的信息观,创建一个和谐发展的图书馆文化氛围,建立一个健康的学术生态,就一定要加大图书馆对社会的辐射力度,这是图书馆生态文化中创新特质的要求。图书馆生态文化一旦形成,不仅会在图书馆内部发挥作用,通过对本单位员工产生行动影响,为图书馆创新发展营造出一个良好的内部生态环境,而且也会通过各种渠道对社会产生影响,为图书馆的创新发展创造宽松的外部生态环境。这样,图书馆生态文化就会渗透到社会公众的精神世界,使图书馆的创新文化得到社会的认可。而同时图书馆文化作为整个社会文化的有机组成部分,其创新也影响着社会文化的发展,图书馆的创新精神也会赋予社会文化以创新特质,因此,图书馆不仅要达到内部的生态文化平衡,还应促使外部生态环境的优化,提高图书馆对社会的辐射力度。

(五)图书馆生态文化承担着"泽被人类"的使命

透过目前人类存在的环境、生态、资源问题的现象,我们可以看出,实质上这些问题都源自人类自身。人类在向"文明"演进的过程中,为了证明自己是万物的主宰和追求更多的物质享受,失去了敬畏自然和尊重生命之心,成为"生命的孤独者"。这是违背生物界的自然规律的,必然会引发一系列的环境问题。图书馆建立生态文化,就理应承担起"泽被人类"的历史使命,关注人类的精神家园。图书馆在人类文明的传播中,一直承担着继承优良的文化传统,传播人类所创造的全部文明,向世人展示人类文明史的发展轨迹和发展规律的使命。当然也就承担着将生态文明广泛传播的使命。

因此,21世纪的图书馆应责无旁贷地承担起拯救人类精神家园的伟大的历史使命,应致力于图书馆生态文化的探究与建设,注重人、信息、环境的和谐与平衡,造就图书馆生态的新天地,推进现代图书馆的可持续发展。同时,要加强对图书馆用户的生态教育,让生态意识注入每一位用户的心灵之中。

第七章　现代图书馆文化建设与文化创意产业、城市文化建设

第一节　图书馆文化创意产品开发与推广

近年来,我国图书馆界积极响应国家政策,参与文化创意产品的开发与推广。如四川省图书馆的"杜甫与熊猫"非常可爱,将馆藏特点与地方特色相结合;湖南省图书馆的陶制小器"陶童"外形古朴、内涵丰富。但是,我国图书馆文化创意产品的开发与推广还处在起步阶段,图书馆应准确把握文化创意产品开发与推广路径,抓住"互联网+文化创意产品"的发展机遇,推动文化创意产品的开发与推广[①]。

一、图书馆文化创意产品的概念

(一)文化创意产品的内涵

文化创意产品(又称"文创产品")是与一定民族和地区的文化背景相联系,源自个人才情、灵感或智慧,并通过产业化的方式进行生产、消费和营销的,满足人们精神需求和欲望的任何有形产品和无形服务。

从文化创意产品工作者、消费者和文化创意产品的内容,解析文化创意产品的特征。一是大多数文化创意工作者注重产品中原创能力的呈现和坚持,推崇文化、艺术和精神层面的价值挖掘,而绝非仅仅

---

①乔峤.图书馆文化创意产品开发与推广研究[J].图书馆研究,2018,48(06):88-94.

根据消费者的需求与响应,制作所谓的纯商业性(或广告性)产品;二是消费者对文化创意产品的需求充满相对不确定性;三是文化创意产品的内容可引发情感、经验的共鸣。

(二)图书馆文化创意产品的内涵

我国有部分学者从不同视角探讨了图书馆文创产品的内涵。武吉虹认为,图书馆文创产品是基于其资源和服务,经过创意转化开发的具有知识产权的高附加值产品,包括物质实体产品和非物质形态的服务;赵晓红认为,图书馆的文化创意产品是与该馆的图书典藏以及与当地文化特征相关,并具有一定文化性和纪念价值的产品;张雅琪认为,图书馆文化创意产品为图书馆实现其使命而开发的,基于图书馆馆藏、历史、空间、人文等在内的图书馆元素,以及其他与图书馆相关的外部因素,同时凝结人们的智慧、想象力和创造力,能够体现图书馆的精神、理念、价值观的产品。

(三)图书馆文化创意产品的特性

1.文化性

馆藏资源是图书馆赖以存在和提供服务的物质基础,也是中华民族博大精深灿烂文化的重要组成部分。图书馆文创产品深入挖掘馆藏资源的历史价值和文化底蕴,运用创意、设计和新技术对馆藏资源进行深加工,实现文化资源传播、传承和共享的目的。

国家图书馆在文创产品开发的优势,源于对馆藏资源文创要素的挖掘和分析,如利用研究我国京剧早期行头与脸谱的珍贵馆藏古籍《庆赏升平》,设计一整套彩绘戏曲人物图谱,并以此为创意原型,创造了状元、公主、哪吒等卡通形象,衍生出公交卡、书签等文化创意产品。

2.教育性

图书馆是终身学习的场所,担负着社会教育的职能。图书馆文创产品依托馆藏资源,让静态的纸质资源"活起来",文创产品记载、传播图书馆故事和图书馆精神,揭示馆藏资源的文化内涵和历史底蕴,帮助读者进一步了解、研究和利用馆藏文献资源，对社会大众有很强的教育意义。

3.传播性

图书馆作为传播主体，开发出具有知识产权的高附加值文创产品，向社会大众传播图书馆使命、图书馆文化、图书馆发展理念等，让大众了解和认识图书馆的服务与资源，吸引更多的潜在用户到图书馆使用资源、利用服务和参与活动。

4.实用性

图书馆文创产品具有实用价值，其物质载体与日常工作、学习、生活相关联，利用图书馆元素，设计和制造办公用品、学习用品、日用品、电子产品、服装配饰等，实现文化价值和实用价值的有机统一。例如：南京图书馆文创产品类型丰富，将设计和现代技术与图书馆的传统文化相融合，开发出具有附加值的创意类产品，如生活小物、3C产品、服装首饰、家具用品、文具等，这些文创产品具有很强的实用性，都是读者在生活、学习、工作中的常用物品。

5.品牌性

图书馆文创产品代表着图书馆的整体形象，图书馆树立文创产品品牌理念，打造品牌文创产品，用于对外交流和形象展示，图书馆文创产品凸出图书馆特色和学校特色，公共图书馆文创产品兼具本馆特色和地方特色。

二、图书馆文化创意产品开发的背景

（一）政策支持

2016年5月，国务院办公厅转发文化部等部门《关于推动文化文物单位文化创意产品开发的若干意见》的通知。2017年1月，文化部、国家文物局确定或备案了154家文化创意产品开发试点单位，其中纳入了37家公共图书馆。2017年9月，"全国图书馆文化创意产品开发联盟"成立，将加速提升全国图书馆的文创研发水平，让传统图书馆焕发生机与创意,实现文化教育职能和文化产业职能共同发展。

各省(直辖市)人民政府办公厅也陆续颁布《关于推动文化文物单位文化创意产品开发的实施意见》(以下简称《意见》),我国文化创意产品开发得到了中央到地方各级政府的支持,从政策层面保障文化创意产品的开发。图书馆等文化文物单位要结合自身情况,依托馆藏资源、形象品牌、陈列展览、主题活动和人才队伍等要素,共同推进文化创意产品开发。

(二)法律保障

《中华人民共和国公共图书馆法》第四十一条规定,政府设立的公共图书馆应当加强馆内古籍的保护,根据自身条件采用数字化、影印或者缩微技术等推进古籍的整理、出版和研究利用,并通过巡回展览、公益性讲座、善本再造、创意产品开发等方式,加强古籍宣传,传承发展中华优秀传统文化。

从法律上说,公共图书馆可以通过创意产品开发等方式,加强对馆内古籍资源的保护。古籍是中华文化的宝贵遗产,为使古籍资源永久流传,图书馆要重点保护馆内古籍资源。图书馆使用数字化、影印或者缩微技术等手段,对古籍资源进行整理、出版和研究利用,开发文创产品,如古籍资源的复制品、古籍资源的衍生纪念品等,以此来宣传古籍资源,传播、传承和共享中华优秀传统文化。

(三)图书馆的社会职能

图书馆是搜集、整理、保管和利用书刊资料,为一定社会的政治、经济服务的文化教育机构。图书馆的社会职能是对社会文献信息流调整秩序;传递文献信息;开发智力资源,进行社会教育;搜集和保存人类文化遗产;满足社会成员文化欣赏娱乐消遣。图书馆依托馆藏文献资源开发文创产品,借助文创产品这一载体形式,发挥文献资源的潜在能量,传递文献的内容信息,保存人类文化遗产。图书馆文创产品是对历史文化产品现代化的改造,激发大众的求知欲和探索欲望,满足社会大众的文化娱乐需求。可见,图书馆文创产品与图书馆的社会职能相当契合。

三、图书馆文化创意产品开发与推广的路径

(一)政策扶持、法律护航

政府政策的鼓励与支持,能为文创产品开发与推广注入活力;健全完善的法律制度保障文创产品开发、生产和销售的全过程。因此,各省级图书馆应依托《意见》与实施意见的相关规定,积极主动地与各省文化厅、发改委、财政厅等单位,以及国家文化及财政主管部门协调沟通,依照相关政策,从顶层设计入手,制定具体的实施细则,使当地文化、财政部门在文创开发工作中有法可依,保障文创开发工作正常开展。

在法律保护方面,建立贯穿图书馆文创产品创作、生产、流通、消费全过程的综合版权服务体系和高效的版权法律保护体系,使图书馆文创工作有法可依;充分尊重原作者的版权利益,经过与原作者的审核、签约,取得合法授权后才能开发为文创产品;注意维护图书馆的权益,签订条款以规范授权及知识产权事宜;注重公众版权意识的培养,保障图书馆文创产业的良性发展,也能发挥图书馆的教育功能。

(二)为文化创意产品开发与推广筹集资金

图书馆需要建立科学、合理的财政投入、自筹资金和社会资金相匹配的机制,多方融资,拓宽资金来源渠道。

资金问题直接影响图书馆文创产品的开发与推广,图书馆可以通过以下方式获取资金支持。一是政府加强对图书馆文创产品的支持力度,划拨专项资金予以扶持;二是图书馆使用馆务资金,将一部分馆务资金,用于支持图书馆文创产品;三是依靠社会力量,公共图书馆利用社会捐赠等方式获取资金,高校图书馆可以借助校友力量发展文创产品;四是图书馆借助众筹平台,自筹资金;五是依靠合作企业,获取资金支持。图书馆与企业合作开发与推广文创产品,由企业提供文创

产品启动资金,而文创产品可以给企业带来经济效益和社会效益,从而实现双赢。

(三)建立文创产品开发与推广的合作机制

图书馆在文创产品的开发过程和推广阶段,要建立合作机制,实现跨界融合,丰富图书馆文创产品开发与推广的工作内容,为图书馆文创产品的开发与推广提供新思路。

在文创产品开发的过程中,图书馆可以与高校、企业等合作,实现互惠互利。从图书馆的角度来看,引入社会力量,可以使自身的馆藏资源和空间资源等优势得以充分利用;就企业而言,可以得到图书馆特色资源加持,兼具文化内涵和实用价值。

国家图书馆借助高校和企业的专业力量,合作开发文创产品,如与景德镇陶瓷大学合作开发瓷器类文创产品,与阿里巴巴集团人工智能实验室合作开发了一款"翰墨书香"便携式书法文具盒;美国图书馆与作家、插画家、设计师、文化创意企业等第三方合作设计和开发文化创意产品,通过集群体智慧,借助第三方的设计、创意、技术、经验和社会知名度,提升图书馆文创产品的品质。

在图书馆文创产品的推广阶段,图书馆文创产品的展示和销售不能局限在图书馆内,可以与其他场所合作,借助它们的平台优势推广文创产品。例如,南京图书馆与国家主要干线机场、国内大型枢纽空港、南京禄口国际机场合作,把文创销售的终端设在机场,有效地扩大了南京图书馆文创产品的社会影响力和传播力度。

(四)培养文创产品开发与推广人才

图书馆文创产品开发与营销需要复合型人才。首先,需要具有对文献资源鉴赏能力图书馆专业人员,对馆藏资源深入挖掘和分析;其次,需要创意、设计、工艺、美术类人才,将资源转化成具有知识产权的高附加值产品;最后,还需要熟知消费者心理和具有市场分析能力的营销人才推广图书馆文创产品。因此,图书馆培养相关人才是十分必要的。

例如,国家图书馆举办了为期3天的图书馆文化创意产品开发培训班,提升各馆文创从业人员的专业水平。图书馆还广泛接受校内各单位、师生和社会各界的设计灵感,鼓励教职工和学生将其设计的具有文创和商业价值的作品授权给图书馆出版中心,并允许他们同时加工和售卖,出版中心根据相关规定给予授权者一定的报酬。

图书馆还应重视和鼓励志愿者,协助图书馆开发和推广文创产品。一是图书馆在文创产品设计、研发、制作等方面的能力有限,参与文创产品工作的人员紧缺,限制图书馆文创产品发展;二是国家鼓励公民参与公共图书馆志愿服务。在美国,公共图书馆志愿者参与具体的营销工作,西雅图公共图书馆文创产品商店在其官网公开招募志愿者,参与中央图书馆商店的运营。志愿者负责招呼顾客,帮助顾客挑选礼物、搜寻标签,以及商品上架、电话订购和整理商品等。

(五)依托图书馆文化活动开发与推广文创产品

图书馆各类文化活动为文创产品的开发与推广注入新生命,一方面,图书馆可以举办与文创产品相关的文化活动,如文创讲座、文创产品推广周等,帮助读者形象直观地了解文创产品,激发读者的情感认同,增加购买欲望,尤其是体验类的文化活动,可以吸引读者参与,在体验中获得满足感,增进知识。山西省图书馆举办体验类文创活动,如制作线装书、碑拓、木板年画,读者亲身体验,感受中华文化,体验后增加购买欲望。另一方面,图书馆还可以依据文化活动的内容,制作文化活动的衍生品进行销售。国家图书馆利用丰富的展览活动,推动文创产品。在举办"世界插画大展——国际安徒生奖(终身成就)50周年展"期间,国家图书馆在典籍博物馆正门口,将数十级台阶构成巨幅《丑小鸭》插画,吸引参观者的注意,并把这幅插画制成文件夹与鼠标垫作为展览的衍生品销售。

四、"互联网+"环境下图书馆文化创意产品的宣传推广

(一)基于互联网的图书馆文化创意产品推广

网民是最广泛的受众群体,具有较高的消费潜力,图书馆文创产品的宣传推广不应局限于本馆读者,还需要借助互联网,利用网民力量,推广和宣传图书馆文创产品。一是图书馆可以在本馆官网上设置"文创产品"专栏,通过文字、图片、视频和音频等方式,形象生动地展示图书馆文创产品,介绍文创产品的创意来源、设计理念和文化内涵,并附上产品的功能简介、使用说明和购买渠道等,方便读者购买和使用文创产品;二是图书馆还可以利用互联网,关联馆藏资源和文创产品,在馆藏资源的复制品或衍生品上设计二维码,扫描二维码即可获知相关馆藏资源的书目信息,帮助读者获取图书馆馆藏资源,提高馆藏资源的借阅率;三是在经费充足的前提下,图书馆还可以制作文创产品的广告或宣传片,投放到网络平台,宣传推广图书馆文创产品。

(二)基于电子商务的图书馆文化创意产品推广

公共图书馆的读者以年轻群体为主,图书馆主要面向大学生群体,这些群体容易接受新事物,使用网络购物的频率高,熟知各大电商平台。可见,电子商务平台的受众面广,也迎合了年轻人的消费需求,图书馆可以借助电商平台,推广和销售文创产品。

基于电子商务推广图书馆文创产品需要注重以下事项:①是否使用电子商务平台。图书馆不能盲目跟风,需要充分考虑本馆馆情,分析人力资源、产品供应、消费群体、营销策略等要素,决定图书馆是否使用电子商务平台推广文创产品。此外,还要考虑是本馆独自开通电子商务平台,还是与其他图书馆合作。②电子商务平台的选择。图书馆要充分考虑读者的使用偏好,可以向读者发放问卷,统计读者最常用的电子商务平台和读者最倾向于使用哪家电子商务平台购买文创产品,再结合本馆的实际情况,合理选择电子商务平台。③公益性和

营利性的平衡。图书馆是提供公益性服务的社会组织,而电子商务企业的网络营销以营利为目的。因此,图书馆在电子商务平台销售文创产品,还要注重在产品介绍里揭示产品的文化内涵,推荐馆藏资源。

(三)基于社交媒体的图书馆文化创意产品推广

社交媒体是指互联网上基于用户关系的内容生产与交换平台,它是用户用来分享意见、见解、经验和观点的工具和平台。微信和微博作为两种常见的社交媒体,已被各类型图书馆应用,图书馆利用微信和微博与读者即时沟通、获取读者反馈,营销图书馆服务,推广图书馆馆藏资源,开展阅读推广服务等,已经取得了很好的效果,并积累了实践经验。在此基础上,图书馆可以利用微博、微信等社交媒体,建立图书馆文创产品推广平台。微博是一个基于用户关系信息分享、传播以及获取的平台,用户可以发布文字,还可以插入"表情""图片""视频""话题""头条文章""直播点评""音乐""商品"等内容。"图片""视频"和"光影秀"等可以生动形象直观地展示图书馆文创产品,快速获得读者的注意力,让读者关注和了解文创产品。"商品"可以发布文创产品的购买链接,读者点击链接,即可方便快捷的购买商品。

在图书馆微信公众号,发布"文创产品"推文,图文并茂展示文创产品,介绍文创产品的创意来源和设计思路,推荐与文创产品相关的馆藏资源,如古籍资源、经典文献等。读者可以在推文下面留言,表达创意和想法,或者提出疑问和建议,图书馆工作人员及时回复、答疑,筛选采纳读者的创意,优化图书馆文创产品的开发与推广。此外,图书馆还可以使用微信小程序,宣传推广文创产品。小程序所倡导的理念是服务让用户"触手可及",小程序拉近图书馆与读者之间的距离,让图书馆无处不在、无时不在。目前,图书馆小程序的服务内容主要集中在机构名片宣传、馆藏查询、图书预约/续借、资讯阅览/活动通知、图书推荐、图书馆占座/房间预订、读者个人中心等。图书馆可以在小程序内增设"文创产品"服务,添加文创产品简介、文创产品类型、文创产品幕后故事、文创产品购买渠道、联系方式等信息，方便读者查询和获取图书馆文创产品信息。

此外，图书馆还可以借助短视频等新兴互联网技术，在APP上制作和发布短视频，宣传推广文创产品，赋予产品新的生命力，激起年轻一代对图书馆和图书馆文创产品的喜爱。抖音是一款可以拍短视频的音乐创意短视频社交软件，用户通过抖音短视频APP分享生活，同时也可以在平台上认识到更多朋友，了解各种奇闻趣事。为了让文化景观"活在当下"，传统文化变得通俗易懂，拉近与年轻人之间的距离。敦煌携手"抖音"，将通过短视频的方式向全球用户展示敦煌之美，提高敦煌的国际知名度和影响力。可见，越是传统、有历史感的文化，呈现形式越要新颖和灵活，才能引人入胜。

图书馆文化创意产品的开发与推广任重而道远，深入挖掘和利用馆藏资源，将传统文化与现代元素相融合，打造品牌文创产品，组建文创产品开发与推广团队，借鉴国外图书馆文创产品开发与推广的经验，从而实现图书馆社会价值，拉近图书馆与读者之间的距离，这需要我国图书馆界在文创产品开发与推广的道路上继续摸索。

第二节　图书馆文化建设与文化产业

图书馆文化建设引导文化发展的走向，积极倡导数字图书馆的文化建设，更有助于现代文化产业的发展。

一、数字图书馆与文化产业的关系

（一）文化产业在信息社会的变革

西方国家在信息技术领域连续出现了两次巨大的跳跃性发展：信息手段革命与信息内容革命。由于这两次跳跃性的发展，使得传统文化产业在信息社会有了新的变革。

"信息手段革命"是指由数字技术所引发的信息传输手段的革命性飞跃。由于数字技术成为一切信息传媒手段的技术基础,它为与信息传播有关的一切产业提供了一个统一的平台,大众传媒(新闻、出版、广播、电影、电视、音像等)、有线通信与无线通信以及计算机与网络因此而汇合为一,通过统一的宽带系统,为"用户"提供服务。这一革命带来的结果是全球性的对信息、传媒、通信业"放松管制"的浪潮,传统行政性的、行业性的管理体制为现代市场体制所取代。信息手段的革命使全球化势不可挡。数字技术和通信网络技术的发展使所有人都能利用先进的科技成果,并使各种文化的交流逐步建立在快速、直接与个人的基础上。

信息传输手段革命的真实含义实际在于"内容"。通信业、传媒业、信息业融合为一体的数字技术,拆除了各种传媒之间的传统壁垒,使之成为统一载体的同时,也极大地刺激了对"信息内容"的需求,引发了"内容产业"大规模的"媒介转移"与资源整合浪潮,"信息内容革命"由此产生。欧洲人将此称为"信息社会第二发展阶段"。这个阶段被形容为是"内容为王代替网络为王"的阶段。

内容产业实质上就是广义文化信息的数字化,是以新的技术手段为背景的文化产业。一批全新的文化产业门类得到拓展和整合,网络新闻、网络出版、高速数据广播、数字电视、数字音乐,等等,已经逐渐进入现代人的学习、工作和生活。由此,借助数字技术、网络技术等信息技术的应用,文化产业开拓了全新的领域,可以说,文化产业中的传媒业有了含义更为广泛的代名词——内容产业,这是文化产业在信息时代的变革。

(二)数字图书馆建设的兴起

同样是由于信息手段革命和信息内容革命,引发了全球性的数字图书馆建设浪潮。数字图书馆建设已经成为评价一个国家信息基础设施的重要标志之一,因此,当前世界发达国家无不以国家政策主导数字图书馆建设,以公共资金启动数字图书馆建设。

数字图书馆是网络时代人们获取信息和知识的重要来源,目前各国政府都已经认识到数字图书馆的开发和利用对于国家信息化战略、网络文化竞争以及人民生活的重要作用,因而全球大大小小的数字图书馆项目层出不穷。数字图书馆的投资和开发者除了政府机构,还包括图书馆、出版社、博物馆、教育机构、传媒机构等。

数字图书馆的概念在不同领域的人眼里有不同的解释:图书馆界会将数字图书馆视为传统图书馆的新形态,它仍然是一种社会文化教育机构;计算机、信息检索等技术领域的专家会以研究的眼光、从技术发展和应用的角度,将数字图书馆看作是分布式海量信息存储系统、数字内容的创建使用和检索的信息系统、多媒体信息存储与检索系统等;广大互联网用户更愿意将数字图书馆同互联网上众多的信息内容提供商相提并论,视它为巨大的信息资源库和一种信息服务。

所谓数字图书馆就是对有高度价值的图像、文本、语音、音响、影像、影视、软件和科学数据等多媒体信息进行收集,组织规范性的加工,进行高质量保存和管理,实现知识增值,并提供在广域网上高速、横向、跨库连接的电子存取服务。从宏观的角度来看,一个国家的数字图书馆建设则是一项巨大的社会系统工程,其最终目标是要实现文化和信息资源的集成与共享,形成一个国家在信息时代的有竞争力的数字文化资源。数字图书馆与信息社会的文化产业有着密切的关系。

(三)数字图书馆是文化产业的重要组成

传统图书馆被视为一种社会文化事业,其公益性的特征是不可动摇的,这一观念成为人们讨论图书馆进入文化产业的主要障碍,今天的数字图书馆已经打破了这一障碍。因为传统图书馆的运行几乎不存在市场环境,而数字图书馆的建立和运营引入了很多商业性资源,是一项投资巨大的工程,在建成运营之后可以获得巨大的经济效益,其运营模式也必然走向商业化。数字图书馆必然成为一种产业,成为文化产业的重要组成部分。

"内容革命"在世界范围内的出现,引发了世界性的、面向数字时代的文化媒介迁移运动。发达国家竞相将本国文化遗产大规模转换成数字形态,以便为未来的"内容"市场竞争奠定新的基础。作为迄今为止数字信息资源的主要的和有效的组织形式,数字图书馆成为其中最为引人注目的基础性项目。

图书馆历来承担着保存和传播人类知识的关键角色。现代图书馆馆藏包括文字、音频、视频、多媒体等多种媒体类型,其知识积累的规模、收藏的结构等构成了一个国家的文明的有代表性的载体。实现内容革命必须以文化遗产数字化为中心环节,而文化遗产的数字化必须从传统图书馆做起,必须以建设数字图书馆为基础。抓住数字图书馆建设就是抓住了国家信息资源建设的核心,就是抓住了应对未来发展的挑战的关键环节。投资数字图书馆就是"投资未来"①。

二、数字图书馆资源建设及其对文化产业的重要意义

(一)数字图书馆资源建设的内容

数字图书馆的三大要素是资源、技术和服务,其中资源建设是最最根本的要素。数字图书馆中的资源包括三个方面:一是自主或合作开发的数字信息资源;二是购买或免费获得的数字化出版物和数据库资源;三是经过组织的网络信息资源。这里所要讨论的数字资源建设主要是指其中第一部分,也就是传统印刷文献和其他非印刷型资源数字化的部分。

数字化资源分为两个部分:对象数据和元数据。其中对象数据是数字化了的原始信息资源,元数据则是关于对象数据的数据,其作用

①王振环. 文化发展建设背景下图书馆文化建设的相关研究[J]. 文化创新比较研究,2017,1(24):95+97.

是帮助人们迅速地查找所需信息资源。对象数据的建设要依赖于传统文化产业中已经生产出来的丰富的文化信息资源,包括书刊、电影、电视、广播、音乐等,以文本、图形、图像、动画、声频、视频等多种媒体形式表现出来。元数据的建设则主要依赖于传统图书馆文献管理工作在数字时代的拓展和创新,对大量的知识和信息资源进行科学、有效的整理,以方便用户的快速存取,这项艰巨的任务需要靠图书馆界和计算机科学界的共同努力来完成。

(二)数字资源建设对文化产业的重要意义

众所周知,文化产业已经成为国际竞争的主要领域之一,文化内容的创作和提供成为获取国际竞争力的关键,数字图书馆资源建设正是其中的核心环节。数字图书馆不仅给图书馆业带来一场革命,而且也为文化传播打开了新的电子时代的大门。数字图书馆的资源建设对于文化产业有着重要意义。

第一,数字图书馆资源建设是发展内容产业的重要途径。图书馆既是一个文化典藏的机构和文化教育的机构,同时也应该是一个研究型的机构,对于国家图书馆、省市级图书馆、大学图书馆、科学院图书馆更是如此。图书馆也是重要的信息枢纽,它集文献流、知识流、信息流、人才流、思想流于一体。在网络技术日益发展的今天,对内容进行揭示和研究蕴含着巨大的市场。而在数字图书馆的建设中,各个图书馆正可以利用馆内外馆藏资源的优势,和图书馆对文献擅长的著录标引、索引组织、分析研究的特长,对文献内容进行揭示和研究,以寻求图书馆服务的新发展。图书馆从文献库发展到数据库,进而发展到知识库和思想库,这一发展的趋势具有巨大的魅力与巨大的发展潜力,也有着广泛的用户需求。上海图书馆与新加坡合作的"寻根"网站的成功案例让我们看到了这一点。

第二,数字图书馆的含义已经远远超过了传统图书馆的范畴,数字图书馆的资源建设也不只是图书馆的任务,文化产业中的相关行业都要参与其中,包括新闻出版业、广播电视业、教育业等。文化产业的发展离不开内容,离不开知识和信息,参与到数字图书馆资源建设中来,获得规模巨大、存取方便的数字化知识和信息资源,这就保证了文化产业的持续发展。

中国数字图书馆工程的目标之一,是建立起一个跨地区、跨行业的巨大文化信息资源网络,使之成为我国的"国家信息基础设施";全面地收集图书馆、博物馆、纪念馆、新闻出版机构、艺术团体、音像影视、体育、旅游等单位的文化资源信息,将其中的精品内容进行数字化与深加工,建设起一批以数字化图书馆、数字化博物馆、数字化影视中心等为代表的资源库,形成巨大的知识宝库。由此我们也可以认识到数字图书馆资源建设牵涉到整个文化产业,是带动文化产业发展的强大力量。

第三,以数字资源建设为中心的文化内容的媒介转移,是将传统文化资源开发为经济资源的必要步骤,实质上是为空前规模的产业整合准备条件,经济意义巨大。经此开发,许多以往不被认为具有经济意义的文化形态,将由现代信息技术手段所负载,进入经济学家和投资人的视野,以往被认为处于经济生活"边缘"的文化事业机构,特别是一向依赖于公共资助的图书馆、博物馆、档案馆等,将可能被接入经济开发的中心地带,从而一个国家的文化生态可能从根本上发生变化。

第四,数字资源建设特别是文化遗产数字化的意义决不限于经济领域。如同现代信息技术的发展使科学家能够描绘人类的"生物基因图谱"一样,现代信息技术的发展也使现代文化和人类学家能够描绘一个民族的"文化基因图谱",当文化基因成为国际资本的掠夺对象的时候,后发国家失去的将不仅是经济发展的机会,而是文化传承的条件。在新的全球化浪潮面前,一个国家和民族的"经济安全"问题,已经转化为"文化安全"问题。

三、对我国数字图书馆资源建设的看法和建议

(一)文化产业和相关行业应积极投入数字资源建设

目前我国的数字图书馆项目还只集中在图书馆界,即使是国家的数字图书馆工程也主要是由高校和图书馆界来承担的。文化产业和相关行业的参与程度还很低。数字图书馆将是一个由众多资源库所组成的文化和信息资源系统,包括图书出版资源库、报刊出版资源库、影视广播资源库、音像制品资源库、档案资源库、科学数据资源库、教育资源库、博物馆资源库、展览馆资源库、图书馆资源库、情报系统资源库,等等,这些资源库的建立有待于相关行业的积极重视和投入。

(二)数字资源建设是推动文化产业技术改造的良好契机

我国的文化产业在技术手段革新上起步较晚,信息资源生产行业正面临着行业改造的问题。以图书出版业为例,要改变"出书难、卖书难、走向世界更难"的状况,必然要实现从来稿处理到出版发行的数字化管理,开拓网上书店和网络出版的新领域,其中就含有数字信息资源建设的内容。单个具体的出版单位进行这样的技术改造,在财力和物力方面都是难以承受的,因此需要进行整个行业的改造,走联合发展的道路。也就是一个地区或一个部门的出版单位组成集团,共同应对信息革命的挑战。文化产业中绝大部分是资源生产行业,要完成这样的行业改造,都要依赖社会大系统的支持,即要成为整个数字图书馆系统中的一个运行环节,因为它们所面对的技术难点是相同的。

(三)加强资源整合建设

所谓资源整合就是将所有的数字信息资源有机地集成在一起,根据资源本身的特点,通过多种导航途径,多层次、多方位地对各种信息资源进行加工、重组和揭示,最大限度地满足用户的不同要求。数字资源的来源分布广泛,只能是分布建设、分布存储,集中服务。当分散

的资源积累到一定程度,用户所面对的数字图书馆只是局部有序的,用户会遇到与访问整个互联网一样"大海捞针"的困难。我国的数字资源积累已经达到了较大规模,急需对已有的数字资源进行全面整合,进行有效的资源导航,使用户迅速得到所需要的信息。

(四)讲求最佳的投入产出效益

数字资源建设的目的一方面固然是为了保存国家和民族的文化遗产,要有一定的社会效益;但另一方面,数字图书馆作为一种产业,必然需要追求经济效益,这就需要在资源数字化建设上讲求最佳的投入产出效益。行之有效的途径如:选择有较高利用价值的资源类型进行数字化,通过有偿服务获取投资回报;由资源生产机构建立数字化信息资源,利用其生产非数字形式资源的副产品,可以减少数字转换的技术处理费用。

第三节 图书馆与城市文化建设

作为城市文化重要象征和标志的公共图书馆是城市文化的名片,其发展可以促进城市文化建设。同时,城市文化建设能够有力推动公共图书馆的发展,公共图书馆与城市文化之间是一种互利共生的关系。公共图书馆不仅具有存储古籍资料、传播文化知识的功能,而且担当着传承城市文明的职责。在21世纪,"文化软实力"已经成为城市发展不可或缺的重要力量。因此,作为城市文化的象征和标志,公共图书馆在城市文化建设中具有重要作用。

一、公共图书馆是城市文化的名片

图书馆的历史可追溯到公元前3000年。19世纪中叶,在西方出现了由政府举办的向社会开放的公共图书馆。在中国,则是20世纪初才出现近代意义的公共图书馆。当今世界,公共图书馆已成为城市文明的象征,可以说任何一个高度文明的城市都有象征该城市文化的公共图书馆。如巴黎的法国国家图书馆、北京的中国国家图书馆、华盛顿的美国国家图书馆等。一般来说,经济、社会、文化发展水平比较高的城市,都很重视公共图书馆的建设,这样的城市并不局限于中心图书馆的建设,而是着力于建设覆盖整个城市的多功能的图书馆网。

城市公共图书馆的公益性、开放性、便利性和为读者提供的服务,使其成为城市文化建设最现实、最直接、最有效的途径和载体。城市公共图书馆重要性的体现不仅在于其具有独特韵味的建筑设计,或是藏书容量规模的庞大,更重要的是它为市民提供强大的文化服务。公共图书馆的文化服务针对的是所有市民,没有文化水平和社会地位的分别,各个层次的人们都能在其中各取所需,它通过给公众提供平等、广阔、畅通的信息传播和接受渠道,使城市文化资源得到充分利用,直接影响着人们接受教育和文化熏陶的程度,并最终影响整个城市文化的形象。

二、在城市文化建设中凸显公共图书馆的价值与作用

文化是城市发展的灵魂,公共图书馆是城市文化的传承者和文化建设的载体,城市文化的发展离不开公共图书馆,公共图书馆文化教育功能的发挥也必须立足于城市的文化需求,公共图书馆和城市文化建设是一种互利共生的关系。因此,在城市发展建设中,要处理好公共图书馆与城市文化建设的关系,重视公共图书馆的价值和作用。

(一)加大规划和投入,丰富公共图书馆资源

由于公共图书馆是一种提供文化消费的公共资源,属非营利性机构,它本身不能直接为城市的经济发展创造看得见的利润,许多地方政府在城市规划中往往优先考虑商业性机构,而忽视公共图书馆这类公共设施建设。当前,要解决城市经济与城市文化建设存在的落差,重要任务之一就是要加大公共图书馆投入力度①。

1.加强规划

在国家层面,进一步把公共图书馆建设作为一项重要的民生工程来抓,地方各级政府在制定城市发展中长期规划时,应强制性地把包括公共图书馆等在内的文化设施建设纳入规划内容。地方政府要按照总体规划,把公共图书馆的建设纳入城市详规,参照国际图联的标准,规划和布局公共图书馆。

2.加大投入

在中央财政列出专项经费,用以支持地方示范性公共图书馆的建设。需要注意的是,由于经济发展水平的差别,以及历史上形成的原因,我国公共图书馆布局不均,存在东部、东北部资源优于中西部,大城市资源优于小城市,小城市资源优于小城镇的状况。加大公共图书馆建设投入力度,既要保证图书馆数量的增加,也要重视藏书数量的增加,同时更要保证图书馆的运转经费,从而充分发挥图书馆的功能,充分用好图书馆资源。

3.优化城市公共图书馆网点布局

公共图书馆的首要功能是服务于城市居民学习的需要,因此,图书馆选点应该靠近城市居民居住区,为人们前往借阅和学习提供方便。同时,以城市中心公共图书馆的建设为引领,完善城市、城区、街道(乡镇)、社区(村)四级图书网络,建成高效快捷的图书馆管理和图书配送模式,提高城市图书资源的利用率。

(二)改善公共图书馆内部管理,提升服务效能

第一,创新管理用人机制,使公共图书馆享有自主权。要改变各个图书馆各自为政、缺乏协调合作的局面,创新公共图书馆管理用人机制。公共图书馆在用人上要引入竞争机制,所有工作人员向社会公开招聘,大力引进专业人才,同时建立科学有效的员工考核晋升机制,

①李科萱.公共图书馆推动城市文化建设的分析与思考[J].青海教育,2018(01):54-55.

使公共图书馆实现人才的自由流动。加强公共图书馆的项目层设计和协调,改变市、县、社区等各级图书馆分属不同部门管理、各自为政的情况。

第二,提升服务理念。读者服务是立馆的根本,图书馆必须以为读者提供优质的服务为宗旨。作为公共文化服务机构,公共图书馆应该转变角色,从文化供给者转变为文化服务者。图书馆在提供服务时应坚持平等原则,平等对待每位读者,让读者感受到同等的尊严和权利,感受到在图书馆阅读学习的愉悦和快乐。

第三,提升服务品质。20世纪90年代初,图书馆就逐渐从闭架式借阅向开架式借阅转变,开架式借阅让读者获得一个自由选择和阅读的空间,使读者在书海中充分学习享受知识,充分体现图书馆对读者的人文关怀。在图书馆的建设中,应该逐步实现向开架式借阅的转变,树立自由、平等、开放的图书馆人文理念。除此之外,还应重视硬件条件的改善。随着社会的不断进步,读者对图书馆的需求不再仅局限于借阅书籍,还渴望能获得看电影、听音乐以及其他娱乐休闲享受,图书馆可以在满足图书借阅的基础上,适当地为读者提供多样化的服务。图书馆还应为读者提供纸、笔、饮用水,时刻保持整洁、清新的阅览环境,做到以读者为中心。

(三)大力倡导读书活动,彰显公共图书馆在城市文化建设中的功能

一个城市文化氛围的形成并非一日之功,也不是建好几个高标准的场馆就能解决问题的。城市文化建设,除了载体建设,必须靠活动来带动。要充分发挥公共图书馆的引领和放大功能,倡导全民阅读,在城市居民中广泛开展各种类型的读书活动,在全社会形成"爱读书、勤读书、读好书、善读书"的文明风尚。

第一,以公共图书馆为阵地,定期开展"名家读书沙龙"、"网络作家沙龙"读书会活动,利用名人效应,邀请文学大家、社会贤达,与读者进行面对面的交流和探讨，直接吸引更多的民众参与，分享他们的读书写作历程和人生感悟。

第二，组织开展各种形式、各种主题的读书交流和读书竞赛活动，推动民众进行多层次、跨区域、内容丰富的读书交流，共赏佳作、丰富知识、启发智慧提升民众的读书兴趣，丰富民众的读书生活。

第三，大力开展读书进机关、进学校、进社区、进家庭等系列活动，举办"机关大讲堂""书香门第"等活动，掀起市民读书热潮。在"四进"读书活动中，作为一项重要的职责，公共图书馆要重点巩固和发展社区专柜，委派图书馆专业技术人员深入社区，指导设立图书专柜，建立借阅流通制度，辅导社区图书管理员进行有效的业务管理，并逐步流通社区图书专柜图书。同时积极开展社区图书室业务知识培训，构建社区图书服务网络体系，使辖区居民在家门口就能享受便捷的文化服务。

在城市物质文明高度发达的今天，城市精神文明的发展日益成为衡量一个城市发达程度的指标，城市文化建设越来越受到人们的关注。公共图书馆作为城市文明的传承者，作为提供公共文化服务的机构，在城市文化建设中扮演着重要的角色。当下，应着力提升城市文化建设中公共图书馆的发展水平，使图书馆的社会教育功能、文化服务功能得到充分发挥，从而更好地服务于城市文化建设。

R. 参考文献

[1] 艾家凤.高校图书馆人力资源管理研究[M].合肥:中国科学技术大学出版社,2015.

[2] 蔡莉静,鄂丽君.现代图书馆特色资源建设[M].北京:海洋出版社,2012.

[3] 陈艳.图书馆文化传承机制与创新服务探究[J].文化产业,2018(19):47-48.

[4] 陈卓.信息时代公共图书馆文化管理策略探讨[J].中外企业家,2020(02):140.

[5] 范睿琦.社会力量参与公共图书馆建设研究[D].哈尔滨:黑龙江大学,2019.

[6] 冯静.图书馆在社会文化传播与交流中的地位研究[J].农业图书情报学刊,2015,27(08):94-98.

[7] 贺艳菊.高校图书馆文化建设水平评价指标体系研究[J].兰台世界,2018(01):105-108.

[8] 焦青.高校图书馆文化建设研究[M].北京:中国商务出版社,2019.

[9] 李科萱.公共图书馆推动城市文化建设的分析与思考[J].青海教育,2018(01):54-55.

[10] 刘聪尧.公共图书馆的文化传承与创新——论现代图书馆传统性与数字化的融合发展[J].艺术百家,2014,30(S1):72-73+101.

[11] 彭爱姣,喻莉萍,周菊峰.图书馆在生态文化建设中的作用[J].科

技情报开发与经济,2013,23(16):64-66.

[12] 乔峤.图书馆文化创意产品开发与推广研究[J].图书馆研究,2018,48(06):88-94.

[13] 商巧云.知识经济时代图书馆文化传播研究[J].图书馆学刊,2015,37(06):6-8.

[14] 田静.公共数字文化建设中图书馆创新服务研究[J].智库时代,2019(47):16-17.

[15] 王文,靳东旺,马玲,等.现代图书馆建设[M].沈阳:沈阳出版社,2012.

[16] 王振环.文化发展建设背景下图书馆文化建设的相关研究[J].文化创新比较研究,2017,1(24):95+97.

[17] 魏存庆.传统图书馆向现代图书馆转型跨越之路[M].北京:国家图书馆出版社,2017.

[18] 张贺南.试论图书馆文化建设的保障体系[J].科技情报开发与经济,2014,24(16):108-110.

[19] 张笑艳.论现代图书馆的文化传播功能——以莞城图书馆为例[J].赤子(上中旬),2015(13):223.

[20] 曾瑛,林爱鲜,贺伟.现代图书馆文化建设[M].北京:中国戏剧出版社,2011.

[21] 张瑶.现代技术在公共图书馆的应用[J].办公室业务,2019(01):147-149.

[22] 张雨峰.图书馆文化建设研究[D].哈尔滨:黑龙江大学,2016.

[23] 郑蓓.高校图书馆馆员核心能力构建研究[D].郑州:郑州大学,2019.

[24] 郑晓川.对高校图书馆创新管理的思考[J].民营科技,2016(12):120.

[25] 周芳.高校图书馆和谐文化建设研究[D].衡阳:南华大学,2015.